Zen e a Arte de Lidar com Pessoas Difíceis

Mark Westmoquette
Prefácio de Julian Daizan Skinner

Zen e a Arte de Lidar com Pessoas Difíceis

Tradução:
Soraya Borges de Freitas

MADRAS®

Publicado originalmente em inglês sob o título *Zen and the Art of Dealing with Difficult People*, por Watkins Media Limited.

Tradução autorizada do inglês.

Editor:
Wagner Veneziani Costa (*in memoriam*)

Produção e Capa:
Equipe Técnica Madras

Tradução:
Soraya Borges de Freitas

Revisão da Tradução:
Jefferson Rosado

Revisão:
Ana Paula Luccisano
Jerônimo Feitosa

Dados Internacionais de Catalogação na Publicação (CIP)
(Câmara Brasileira do Livro, SP, Brasil)

Westmoquette, Mark
Zen e a arte de lidar com pessoas difíceis / Mark Westmoquette ; tradução Soraya Borges de Freitas ; prefácio Julian Daizan Skinner. -- São Paulo, SP : Madras, 2024.
Título original: Zen and the art of dealing with difficult people, por Watkins.

ISBN 978-65-5620-065-1
1. Conflito (Psicologia) 2. Espiritualidade - Filosofia 3. Paciência 4. Zen-budismo - Ensinamentos I. Slinner, Julian Daizan. III. Título.

23-164599 CDD-294.3927

Índices para catálogo sistemático:
1. Zen-budismo : Ensinamentos 294.3927
Tábata Alves da Silva - Bibliotecária - CRB-8/9253

MADRAS EDITORA LTDA.
Rua Paulo Gonçalves, 88 — Santana
CEP: 02403-020 — São Paulo/SP
Caixa Postal: 12183 — CEP: 02013-970
Tel.: (11) 2281-5555 — (11) 98128-7754
www.madras.com.br

Eu digo a todos que, assim como dizem que os filhos são espelhos de seus pais, todo aquele com quem entramos em contato são nossos próprios espelhos. Portanto, se você dá todo o seu coração e faz seu melhor para se comunicar, com certeza receberá uma resposta semelhante. Então, por favor, leve uma vida na qual você pense no que pode fazer pelos outros, não no que os outros podem fazer por você. Interaja com os outros tentando dar todo o seu coração e fazendo seu melhor para se comunicar.[1]

(Monge Budista Tendai Mitsunaga Kakudo)

1. Mitsunaga Kakudo (1996), citado em: S. g. Covell, "Learning to Persevere: The Popular Teachings of Tendai Ascetic", *in Japanese Journal of Religious Studies*, 31, 255-287, 2004.

Índice

Prefácio por Julian Daizan Skinner 8
Introdução 14

Parte 1: Pessoas Problemáticas como Nossos Professores

1 Atenção Plena e Sintonização 25
2 Desregulação – Por que Perdemos a Paciência com Pessoas Difíceis? 29
3 Padrões e Tendências – Estratégias de Enfrentamento 41
4 Amolecer com Compaixão 57

Parte 2: Arenas Problemáticas

5 Budas Companheiros de Viagem 62
6 Budas do Local de Trabalho 69
7 Budas Amigos 85
8 Budas Vizinhos e Companheiros de Casa 95
9 Budas Parceiros 108
10 Budas Familiares 116
11 Budas Professores 140

Parte 3: Budas Realmente Problemáticos

12 Budas Ogros 155
13 Budas de Si Mesmo 165

Parte 4: Ver Pessoas Problemáticas como Budas

14 Como Perceber a Natureza Búdica 174
15 Encontrar Seu Santuário 182

Resumo das Abordagens Encontradas 188
Agradecimentos 192

Prefácio

Budas aparecem importunamente;
os ancestrais ensinam em detalhes.
(Keizan)[2]

Quando eu era um jovem monge zen-budista, minha vida estava pressionada contra os outros. Não tinha onde me esconder. Por sete anos, vivi em um espaço de um tapete no salão de meditação do monastério, cercado por 20 colegas monges. Lá, meditávamos, dormíamos e às vezes comíamos. A vida não deveria ter distrações. O processo de treinamento comparava-se à lapidação de uma rocha. Esperava-se que as inevitáveis manifestações interpessoais de egoísmo desgastassem cada um e a ideia era de que nós, noviços, entrássemos como cristais de rocha brutos e saíssemos como joias lapidadas. Às vezes nos exaltávamos. A única vez em que quis matar alguém na minha mente foi durante esse período. Em nosso mundinho, houve várias tentativas de suicídio e uma que foi concluída.

Muitas vezes, no entanto, o resultado era muito diferente. Eu mesmo vi seres humanos brilhantes, altruístas e psicologicamente bem-ajustados saírem dessa abrasão. A essência do trabalho era clareza e conscientização. Se encarássemos o processo com generosidade de espírito, humor e compaixão, a transformação poderia ser rápida. A epígrafe anterior, uma tradução livre da obra do mestre zen japonês Keizan (1268-1325), era citada com frequência por nossos professores.

---

2. Jiyu-Kennett, PTNH, *Zen is Eternal Life*, California, Shasta Abbey Press, 1999, p. 251.

Seu Buda problemático é a pessoa que o incomoda, que traz à tona suscetibilidades e irritação, inveja, inadequação ou outros descontentamentos. Não se lida com nenhum sofrimento no campo do abstrato. Apenas quando essas coisas surgem na consciência temos a oportunidade de resolvê-las.

A chave para a transformação é reconhecer a oportunidade na dor. É fácil demais culpar a outra pessoa, o passado, o sistema e, falando por experiência própria, na maior parte do tempo, foi exatamente o que eu fiz. Também é possível culpar a si mesmo, mesmo que seja para negar a presença de sentimentos antissociais tão indignos.

Mas a vida no monastério Zen é preparada para tornar qualquer um desses exemplos insustentáveis. Em dado momento, se tudo correr bem, o aluno começa a "virar a luz para o outro lado" – para ser apresentado à dor, para dar a ela uma arena de conscientização sem julgamentos e não reativa. Nessa conscientização compreensiva, as dimensões físicas, energéticas, emocionais e mentais do sofrimento começam a se desembaraçar e acabarão por "se reintegrar" (para usar o termo junguiano) em um novo relacionamento harmonioso com o todo.

Nada disso pode acontecer sem um sofrimento inicial. Por isso essa pessoa difícil é, na realidade, o verdadeiro professor, o Buda, do momento. E o que falar do ensinamento em detalhes? Subjetivamente, o processo pode parecer bem implacável. A menos que se lide totalmente com o tema polêmico, a dor associada continuará a aparecer. Talvez seja natural pensar na vida espiritual como um afastamento das distrações e do drama da nossa humanidade. Esse afastamento certamente é possível. No caso de Buda, por exemplo, depois de sua iluminação sob a Árvore Bodhi, ele se deparou com uma escolha. Ele poderia permanecer, aproveitar os frutos de sua busca em paz e privacidade, tornando-se um *pratyekabuddha* um Buda silencioso. Ou poderia se levantar de onde estava sentado e começar o trabalho cansativo de treinar os outros a confrontar seu sofrimento. O fato de ele ser lembrado revela a escolha de Buda e o espírito solidário que vê além do benefício individual.

Parece que, desde seus primeiros dias de ensinamento, Buda promoveu com firmeza o ideal de *sangha* – a comunidade espiritual.

Além disso, definiu seu ensinamento como aquele no qual "não se disputa com ninguém no cosmos".[3] Até hoje, discordância e cisma na *sangha* são consideradas questões da maior importância. Por que essa dimensão social da prática seria tão importante? De acordo com o chamado "efeito de proximidade social", nossa natureza como animais de um rebanho determina que nós, humanos, inevitavelmente nos tornamos mais parecidos com aqueles com quem passamos a maior parte do tempo. Mas, assim como o reforço e o apoio mútuos, a tradição Zen destaca o potencial de crescimento do desafio mútuo espirituoso e até dramático na *sangha:*

> Certa vez, o mestre Zen Obaku (falecido em 850) pediu que seu aluno Rinzai entregasse uma carta em outro monastério do mestre Zen.
>
> Nessa ocasião, Gyosan era o mestre convidado. Ele pegou a carta e perguntou: "Esta carta é de Obaku; mas seu mensageiro especial, o que ele tem a ver com isso?"
>
> Rinzai o estapeou na hora.
>
> Gyosan o deteve e disse: "Irmão mais velho, como você sabe sobre esse assunto, paremos por aqui".[4]

Depois de seus estudos dos antigos registros Zen revelarem inesperadamente que muitas vezes o momento de iluminação do aluno é instigado por uma interação, nosso professor no Japão, o mestre Zen Shinzan, desenvolveu um processo de indagação que ele chamou de "*sanzen* grupal".[5] Aqui em Zenways, continuamos esse trabalho em nossos retiros conhecido como "A Revelação do Zen". Creio que uma das experiências mais lindas e inspiradoras que um ser humano possa ter seja testemunhar esse momento de mudança no outro.

Mas a prática com os outros não se trata apenas desse nível elevado de desenvolvimento humano. Junto aos seus abundantes elogios

---

3. Bhikkhu, Thanissaro. tr., *Madhupindika Sutta: The Ball of Honey* (MN 18), 1999, disponível em <www.accesstoinsight.org/tipitaka/mn/mn.018.than.html>.
4. Schloege, L. tr., *The Zen Teaching of Rinzai*, Berkeley, Shambhala, 1975, p. 76.
5. Literalmente, "grupo de estudo Zen". Você pode ler mais sobre isso em: J. D. Skinner, ed., *The Zen Character: Life, Art and Teachings of Zen Master Shinzan Miyamae*, Zenways Press, 2015.

àqueles em seu *sangha* que personificavam compaixão, amor e sabedoria, o Buda, até o fim de sua vida, teve de dedicar tempo e energia tremendos para lidar com apoiadores abusivos, falsas acusações de má conduta sexual, até com a ambição mundana que atingiu o nível de uma tentativa de assassinato. Sua iluminação não o livrou de batalhas nessas áreas. E, se serve para Buda, também vai servir para todos nós. Por mais profundo e transformador que seja seu desenvolvimento interior, na sua prática você terá de lidar com a novela humana – a vida inteira. Seja qual for a esfera em que se encontra, seus companheiros de viagem provavelmente não serão perfeitos; seus professores e superiores provavelmente não serão perfeitos, nem você mesmo será.

A desagregação da vida moderna significa que para um praticante leigo nunca será mais fácil apenas desistir do trabalho árduo da interação humana na *sangha* em favor do afastamento. Mas, ao fazer isso, perde-se muito. Se nos escondermos, não vamos encontrar esses Budas problemáticos. Quando comecei a ensinar Zen para mim mesmo fora do cenário monástico, quis encontrar caminhos nos quais os alunos poderiam se beneficiar do potencial dessa perspectiva transformadora na prática.

As arenas não foram difíceis de se encontrar. As vidas familiar e profissional, os grupos de amigos – todos contêm uma fartura de Budas problemáticos. Além disso, quando me pediram para desenvolver um programa para treinar futuros professores Zen, eu quis que os alunos tivessem uma oportunidade ampla de aprender por meio da abrasão mútua interpessoal com a qual cresci. Como uma *sangha,* criamos um monastério sem paredes. Professores Zen assistentes trabalham comigo (mais de uma pessoa me chamou de "o esfolador"), bem como com a inexperiência e a aspereza de seus pares.

Há algum tempo, Mark Kuren Westmoquette e eu estávamos sentados discutindo essa dimensão da prática Zen. Ele me disse que aquela conversa específica foi a semente deste livro. Talvez a própria história de Mark ilustre o que pode acontecer. Há mais de 12 anos, quando o conheci, ele era um tímido e desajeitado astrofísico. Era difícil para ele até mesmo manter contato visual. Produto de uma infância dolorosa e difícil, Mark percebeu que o mundo abstrato da alta ciência o atraía, porque nela ele mantinha uma distância segura da dor humana e da bagunça do mundo social. Para ele, ficou igualmente claro que esse distanciamento não o servia e ele estava determinado a encontrar outro caminho.

Ao se tornar um membro ativo da comunidade de prática Zenways, Mark experimentou e testemunhou muitos dos estresses interpessoais e oportunidades de crescimento que ele detalha aqui. Ao mesmo tempo, trabalhou intensivamente com os Budas problemáticos e no ultracompetitivo mundo acadêmico.

Em 2009, começou seu treinamento para ser um professor de Zen Ioga, encontrando no treinamento uma primeira conexão com a energia e a alegria da prática personificada atenta, e o poder de construir conexões profundas com outras pessoas.

Com o tempo, Mark viu sua vida mudar. Enfrentou e transformou muita dor dentro de si. Agora, um desejo profundo de se orientar, principalmente na direção de pessoas, em vez de estrelas distantes, levou-o a mudar para o ensino de meditação Zen e Ioga em tempo integral, trabalhando como um capelão em um hospital, organizando grupos de prática Zen para as populações prisionais e nos locais onde ficam os moradores em situação de rua, e trabalhando comigo intensivamente como meu assistente.

Sua prática gerou muitos frutos, em 2010, em um retiro no templo do meu professor, Gyokuryuji, no centro do Japão. O mestre Zen Shinzan me puxou de lado entre os períodos de meditação e sussurrou quatro palavras: "Cabelo vermelho, olho aberto". Mark, que tinha cabelo vermelho, havia entrado pelo portão de *kensho*, o termo Zen que significa "despertar para sua verdadeira natureza".

Depois de um período de amadurecimento e desenvolvimento de sua prática, incluindo um período como um monge zen ordenado vagando pelos becos da Grã-Bretanha e vivendo de doações de comida, nomeei Mark professor Zen em 2015.

Ao longo dos anos, a confiança interpessoal e a presença de Mark cresceram. Ele arranjou uma namorada e depois se casou. Reunindo suas explorações dos universos externo e interno, ele escreveu dois livros, *Mindful Thoughts for Stargazers* e *The Mindful Universe*.

Após 12 anos de treinamento Zen, grande parte dele em meio ao tumulto das interações da *sangha*, ele separou algum tempo durante um retiro de dois anos em uma ilha remota no Atlântico Sul para refletir em sua dimensão humana vital de prática espiritual e escrever este livro.

Mark me disse que estava muito interessado em destacar e homenagear o trabalho de outros na nossa comunidade de prática Zenways, muitos dos quais estavam dispostos a compartilhar suas lutas e aprendizados interpessoais nestas páginas.

Se você estiver interessado na prática contemplativa, há uma chance mínima de ser um dos milhares de eremitas por completo do mundo. Caso contrário, você tem um lugar na matriz humana de Budas problemáticos. Se esse for o caso, este livro é para você. Aqui, você encontrará um guia certeiro e prático para transformar o chumbo das fricções humanas no ouro de um amor que abraça a si mesmo, todos os seres e todo o universo.

Espero que encontre vários Budas ao longo do seu caminho.

Julian Daizan Skinner
Dojo de Londres da Zenways
Rohatsu 2020

Introdução

Todos nós encontraremos pessoas problemáticas ou desafiadoras em nossas vidas. Elas nos deixam loucos, nos irritam até não poder mais e até nos levam a ter pensamentos ruins. Pode ser um colega seu, o vizinho do andar de baixo, seu parceiro ou sua mãe, ou qualquer quantidade de pessoas que encontrar regularmente, ou talvez apenas uma vez.

Nossa linguagem está cheia de metáforas pitorescas, que descrevem o que essas pessoas nos fazem. Dizemos coisas como "eles pisaram nos meus calos", "eles me dão nos nervos", "eles me enchem o saco", "ele é uma mala sem alça", "ele pôs o dedo na minha ferida" ou "nós apenas não estamos na mesma sintonia". O que há nessas pessoas que nos causa tanto desconforto? E como trabalhamos com esse desconforto para que ele não aumente e cause ainda mais desconforto? Neste livro, examinaremos uma variedade de situações na vida nas quais pessoas problemáticas podem aparecer; exploraremos como os ensinamentos do Zen e da atenção plena podem ajudar. Por fim, esses ensinamentos nos mostrarão como as pessoas mais problemáticas podem se tornar nossos melhores professores. Aprenderemos como podemos ver cada uma delas como expressões belas e únicas deste universo ao qual todos pertencemos – veremos sua natureza búdica.

Na minha experiência, as pessoas têm uma visão do Zen como uma tradição de silêncio profundo, de calma, paciência e simplicidade, e esperamos que os praticantes do Zen personifiquem essas características o tempo todo. Mesmo depois de mais de uma década de prática, posso dizer que não exalo uma calma profunda o tempo todo - na verdade, nem mesmo na maior parte do tempo! É possível que um dia eu consiga - mas, até onde entendo, o Zen não é exatamente sobre isso. Zen é sobre encontrar sua verdadeira natureza e, uma vez despertado para isso, aprender a viver a partir dessa compreensão. Mas até mesmo nesse lugar de compreensão (que exploraremos em detalhes enquanto continuamos), sempre haverá pessoas que aborrecem você - e talvez até fazem seu sangue ferver e fumaça sair dos seus ouvidos. O Zen nos ensina como ouvir esses sentimentos e começar a nos relacionar com eles de outra forma.

Para quem é este livro?

Este livro é para qualquer um que queira aprender como responder a pessoas e situações difíceis com mais clareza e sabedoria. Você pode ser alguém que possui um número de pessoas problemáticas em várias áreas da sua vida, ou talvez uma particularmente irritante, ou tenha cruzado com uma variedade delas em diferentes momentos da sua existência. Pode-se ver que há muitas vezes um padrão para seu comportamento em relação a elas e isso costuma causar dor - talvez muita. Só podemos crescer se encararmos essa dor, reconhecendo como nos sentimos e como reagimos, e nos comprometendo a encerrar esse padrão repetitivo de sofrimento. Neste livro, não espero nenhuma experiência prévia com a atenção plena ou o Zen (ou qualquer outra forma de Budismo), e você não precisa se identificar como budista, nem aderir a quaisquer crenças.

Lembro-me de que, quando comecei a praticar o Zen, meu professor me disse para tratá-lo como um experimento científico. O laboratório era meu corpo e minha mente e, embora a metodologia tenha sido refinada ao longo de muitos séculos, dependia de mim encontrar o resultado e as conclusões. Não havia uma resposta certa - apenas minha pergunta. Nesse momento da minha vida, eu tinha cerca de 20 anos, estudava para uma graduação em Astrofísica e realmente apreciava essa abordagem pragmática. Eu, é claro, tinha enterrado minha cabeça em equações e no aprendizado e, por alguns anos, realmente batalhei para me conectar com meu lado emocional.

Agora posso ver que parte do motivo de escolher um assunto como este, que é intelectual e tão focado em coisas tão distantes da Terra e da vida real quanto é possível – era aquilo do qual eu tentava fugir.

Quem sou eu para lhe dizer agora como lidar com pessoas problemáticas?

Quando eu tinha 13 anos, minha mãe e meu padrasto sofreram um acidente de carro que o matou e colocou minha mãe em um hospital com queimaduras de primeiro grau na maior parte de seu corpo. A pessoa que provocou o acidente foi um policial de folga que estava apostando corrida com seu amigo na estrada. Em um momento mal calculado, ele atingiu a frente do carro da minha mãe, fazendo-o rodopiar fora de controle pela estrada e bater de frente com outro veículo, pegando fogo em seguida. Para salvar a vida da minha mãe, eles tiveram de amputar as duas pernas e um dos braços dela. Isso aconteceu sete anos depois de meu pai biológico ser expulso da nossa casa. Quando eu tinha seis anos, minha mãe descobriu que ele abusava sexualmente de mim e da minha irmã.

Durante minha vida, tive minha cota de indivíduos particularmente desafiadores. Meu pai e o policial de folga que provocou o acidente da minha mãe foram dois que se destacaram. Por causa deles, precisei de muitos anos de prática e uma investigação profunda para chegar a um lugar onde posso ver além das coisas horríveis que eles fizeram. Posso vê-los agora como pessoas com seu próprio sofrimento, e suas ações me mostraram tanto sobre mim mesmo quanto sobre a natureza de ser humano (como discutirei na Parte 4). Mas também me deparei com muitas pessoas problemáticas comuns: por muitos anos, trabalhei em um escritório e consigo certamente me lembrar de um ou dois colegas de trabalho difíceis, passei anos viajando a trabalho para Londres com vários companheiros de viagem cansativos e dividi a moradia algumas vezes com um bom número de colegas de quarto irritantes. Também tive um relacionamento romântico com alguém por dez anos (cinco dos quais casado). Por mais maravilhoso que o casamento tenha sido, caramba, ele me trouxe algumas situações problemáticas com as quais aprendi e cresci bastante!

Aprender a ver as pessoas problemáticas da vida como meus melhores professores não foi um processo de aprendizado nada rápido ou fácil, ou algo que eu fizesse sozinho. Ao escrever este livro, beneficiei-me da sabedoria de várias pessoas iluminadas. Além de praticar o Zen em uma comunidade com um mestre por mais de uma década e praticar Ioga em um período de 20 anos com um punhado de professores fantásticos, também passei três anos e meio me consultando com um psicoterapeuta. Um fio central que percorria essas áreas de desenvolvimento foi a prática da atenção plena (*Mindfulness*).

Em essência, a atenção plena é uma técnica para perceber as coisas com clareza, deixando-as acontecerem para depois desapegar delas. A clareza que ganhamos por vermos as coisas como elas são nos dá a informação crítica de que precisamos para decidir com sensatez como agiremos em seguida. Essa é uma das principais habilidades a se desenvolver quando trabalhamos com pessoas difíceis.

Eu não diria que entendi tudo. Parece importante abordar as questões desafiadoras que exploraremos neste livro com uma dose saudável de "eu não sei". Ainda fico irritado e furioso com as pessoas, e não consigo apreciar seus sofrimentos e a interconexão com todo o universo. Sou um projeto em andamento – como todos seremos até o dia da nossa morte.

Encontro com um professor no estacionamento

Dessa jornada, como exatamente podemos passar a ver uma pessoa problemática como nosso melhor professor? Parece loucura! Vejamos um exemplo concreto. Você está em um estacionamento manobrando para estacionar em uma vaga, então alguém se adianta, pega sua vaga e finge que não o viu. Uma reação impulsiva normal (feita sem uma escolha consciente) poderia ser gritar, xingar e então cogitar arranhar a lateral do carro da pessoa com uma chave para puni-la. Como essa pessoa poderia ensiná-lo qualquer coisa, exceto como não se comportar? E como você pode chegar ao ponto de conseguir perceber sua boa natureza intrínseca e deixar de vê-la como separada de si mesmo? Isso parece uma tarefa absurda. É – mas não é impossível. O primeiro passo é desenvolver uma vontade genuína de examinar como você se relaciona com esse ladrão de vaga difícil.

Uma reação inicial poderia ser raiva – por ele ser egoísta por tomar algo que era seu (a vaga) –, e por não o ver, ele está sugerindo que você não importa para ele – ou, pior, que não existe. Esses pensamentos, incluindo sua postura inicial, nascem todos de uma rígida distinção entre "aquela pessoa" e "você". No entanto, se pudermos atingir uma conscientização sincera e indagarmos abertamente como nos sentimos, então essa postura inicial necessariamente começará a mudar para algo muito mais amplo e inclusivo. Primeiro, podemos reconhecer que nossos próprios hábitos, experiências do passado e sofrimento contribuem para nossas reações. Talvez você já estivesse com pressa ou animado para chegar aonde você ia. Talvez estivesse com dificuldades para manobrar na vaga e já um pouco frustrado. Talvez o tipo de carro que a pessoa estava dirigindo acrescentasse energia à reação, porque você já nutria alguns preconceitos sobre o tipo de pessoa que tem aquele tipo de carro. Aquela vaga era "sua", para começo de conversa? Talvez a pessoa realmente não tenha visto você.

Nenhuma dessas sugestões servem para desculpar uma pessoa que maldosamente tomou seu lugar, mas só por fazer essas perguntas começamos imediatamente a amolecer nossa postura. Dessa maneira, as formas pelas quais agimos ou em que pensamos impulsivamente podem nos mostrar onde estamos presos, e onde terminam nossos antigos padrões e hábitos. Mais do que isso, ao amolecermos nossa postura, podemos começar a ver além do comportamento irritante da pessoa por trás dele – alguém com seus próprios hábitos, experiências passadas e sofrimento pessoal. A pessoa poderia estar com uma pressa terrível – talvez tenha sido chamada para buscar um familiar doente ou esteja atrasada para aquela entrevista de emprego. Talvez tenha desenvolvido um modo de ser de autoproteção em resposta a algo que aconteceu em sua vida. Talvez ela tenha tido o tipo de vida que encorajasse um comportamento egoísta. Nós não sabemos.

À medida que nosso ponto de vista relaxa e nossa opinião se expande, ficamos menos reativos à irritação. O sentimento ainda está lá, claro, talvez tão intenso como sempre, mas não estamos mais nos prendendo tanto a essas emoções e agindo sob influência delas. Devagar e gradualmente, podemos amolecer mais. Podemos até começar a sentir gratidão pela outra pessoa por nos mostrar – nos ensinar – onde instintivamente erguemos nossas defesas e reagimos por um sentimento de separação, uma sensação do que "ela" está fazendo para "mim" e do que "eu" mereço. Esse é um lugar no qual, se formos realmente honestos e abertos conosco, temos uma oportunidade de aceitar, amolecer, crescer e curar. Assim, cada situação desafiadora ou encontro com uma pessoa problemática são transformados em uma oportunidade para agirmos com mais sabedoria e compaixão.

Mais do que isso, as sementes da sabedoria, da compaixão e da gratidão podem se desenvolver até uma visão totalmente nova das pessoas que o provocam ou o enfurecem. O entendimento convencional é de que você e essa pessoa ou pessoas são separados. Nós dizemos: "Este sou eu e aqui está o meu 'limite' e este é você"; ou "Sou este tipo de pessoa e você é aquele tipo de pessoa". Esse tipo de pensamento vem da perspectiva de separação e discernimento. No entanto, o Zen destaca que essas visões de mundo fixas e separadas representam apenas um lado de como são as coisas.

A experiência do despertar (ou iluminação) é o processo de ver e experimentar a outra perspectiva – de que a vida é fluida, dinâmica, que está sempre mudando e todos nós não passamos de emanações transitórias do universo neste momento. Como dizia meu professor Zen: "Em vez de ser uma coisa em um mundo de coisas, vemos que somos um processo em um mundo de processos". Consegui entender esses dois pontos de vista imaginando uma cadeia de montanhas envolta em uma nuvem, com os picos rochosos projetando-se para cima do véu enevoado. Vemos esses picos como separados, distintos e bem permanentes – como os conceitos de você e eu, ou objetos como a parede ou a mesa. Mas, quando as nuvens se dissipam, vemos como os topos estão ligados um ao outro por meio de fundos de vale. Todas as montanhas fazem parte de uma só cadeia – e o mesmo serve para mim e você, a parede e a mesa, pois estamos todos conectados e apenas somos partes diferentes do todo. E essas partes não são permanentes, na verdade. Elas mudam (ainda que bem devagar, no caso das montanhas).

Desse ponto de vista sem separação, aquela pessoa que o irritou é tão separada de você quanto sua mão esquerda é da direita. Você e ela cocriam a situação juntos. Assim como você, ela é uma manifestação temporária desse universo único. No Zen, vê-la assim é o que chamamos de ver sua natureza búdica. Mas não importa como você chama - seu ser luminoso, sua verdadeira natureza - significa o mesmo. Essa pessoa é um Buda que aparece de forma problemática.

Do que este livro tratará ou não

Este livro adotará uma abordagem atenta aos problemas de lidar com várias pessoas difíceis. A prática da atenção plena envolve deixar tudo o que surgir ser totalmente visto e reconhecido, fazendo o nosso melhor para não avaliar isso como bom ou mau, e pensar nisso como o modo como deve ou não deve ser, ou ver isso como algo que fazemos ou não queremos. Na prática de *Mindfulness*, ou atenção plena, não estamos fundamentalmente preocupados com o conteúdo do que vem à nossa atenção - quem disse o quê, os porquês e motivos e as sinopses de qualquer situação individual. O que importa é nossa relação com essas coisas que aparecem. Assim, não darei uma recomendação passo a passo sobre lidar com casos e situações específicos, mas o munirei com as ferramentas para você decidir por si só o melhor curso de ação. No entanto, se o comportamento de uma pessoa problemática se intensificar cada vez mais, até o nível do abuso, recomendo que você procure e fale com alguém (talvez um profissional) que possa ajudá-lo em sua situação imediata.

Este livro tem como objetivo evitar que você preste atenção apenas em todas as suas queixas e mágoas. Reclamar e lamentar-se em geral sobre sua vida pode parecer catártico, mas, se dermos atenção (e, portanto, energia) às nossas queixas, sem considerarmos o que poderíamos fazer quanto a elas, então estamos apenas regando as sementes da negatividade. Sem dar uma vazão positiva, construtiva e salutar a toda essa energia emocional de frustração e raiva que surge de nossas reclamações, ela inevitavelmente se manifestará de forma imprudente ou até destrutiva.

Apresentarei duas formas de ampliar e amolecer sua postura, encontrar bondade e encorajar ideias claras sobre si e seu relacionamento com o mundo ao seu redor. Como resultado, você encontrará formas de ver a natureza verdadeira essencial de todos que encontrar, sejam elas pessoas problemáticas ou fáceis.

Para onde iremos a seguir

Na Parte 1, exploraremos a questão de como as pessoas difíceis da vida podem se tornar nossos professores. As pedras fundamentais desse processo são a atenção plena e a sintonização – sem uma conscientização aguçada de como nos sentimos e do que fazemos, e de como os outros estão se sentindo, não há esperança de mudar a forma com a qual nos relacionamos com pessoas difíceis e aprender com esses encontros. Veremos por que, diante de uma pessoa problemática, temos dificuldade em manter o equilíbrio emocional – a habilidade de controlar nosso comportamento, manter nosso temperamento sob controle e evitar dizer ou fazer algo de que possamos nos arrepender. Afirmarei que as duas principais coisas que podem nos tirar do eixo são a ativação da nossa resposta à ameaça (erguendo nossas defesas e aguçando nossa percepção) e o caos das emoções resultantes (que podem nos sobrecarregar e se entrelaçarem até o ponto de obscurecer nossa visão).

Trazer uma conscientização e gentileza genuínas a relacionamentos desafiadores é difícil, e requer coragem, paciência e compaixão. Discutiremos por que é tão importante estarmos honestamente abertos a nossas experiências, por mais que seja difícil, doloroso ou confuso. No final das contas, as emoções são mensageiros importantes e, se as reprimirmos ou as ignorarmos, ou não formos totalmente capazes de reconhecê-las, perderemos contato com o que de fato acontece. Então, discutiremos como podemos restaurar a regulação emocional, quando estamos sozinhos e na companhia segura de pessoas em quem confiamos.

Além de perder as estribeiras de vez em quando no calor do momento, cada um de nós temos, em geral, um padrão preferido de enfrentamento e de resposta para as dificuldades de relacionamento. Alguns ficam bravos, outros se retraem, e outros sempre tentam e solucionam a situação para evitar um potencial conflito. Portanto, nossos encontros problemáticos também podem nos ensinar muito sobre nossas atitudes e hábitos gerais. Ao discutir esses traços de comportamento, apresentarei vários exemplos e desvendarei alguns *koans* zen (questionamentos espirituais ou narrativas) que ajudarão a destacar algumas das áreas nas quais ficamos presos e como podemos nos soltar delas.

Por fim, exploraremos como é importante ter compaixão. Como começamos a ver e reconhecer a forma como somos ao redor de pessoas problemáticas, e como nossas experiências e o sofrimento do passado contribuem para nossas reações, é crucial aplicarmos essa compaixão em nós mesmos, tanto quanto nos outros.

A Parte 2 inclui uma grande variedade de histórias inspiradoras de como pessoas diferentes encontraram outras desafiadoras em várias áreas da vida, e tiraram lições profundas de sua experiência. Veremos exemplos do local de trabalho, na rede de amigos, em casa, na forma de parceiros, cônjuges e outros membros da família, na forma de vizinhos e colegas de quarto e no mundo mais amplo, como os companheiros de viagem. Também analisaremos como exemplos a serem seguidos e professores, especialmente os espirituais, podem se tornar Budas problemáticos, e o que isso pode esclarecer sobre nós mesmos.

A Parte 3 centra-se na extremidade do espectro problemático, em aprender como lidar com essas pessoas que abusaram de nós ou que nos causaram uma dor profunda de alguma forma. Apresentarei a vocês alguns ogros que participaram da minha vida e como aprendi muito sobre mim quando examinei meu relacionamento com eles. Também exploraremos outra pessoa problemática – o eu. Embora a maior parte deste livro gire em torno de nós mesmos, e como nos relacionamos com quem somos, nesta parte trarei à tona algumas áreas adicionais a serem exploradas.

Por mais difícil, irritante ou maldosa que uma pessoa seja, ninguém é uma entidade distinta existente somente em si. Nós todos somos facetas diferentes desse único universo – dinâmicos e interconectados como ondas no oceano. Essa é a área que explorarei na Parte 4. Perceber outras pessoas como manifestações iguais desse universo, cada uma com o potencial de acordar para essa perspectiva, chama-se ver sua verdadeira natureza ou natureza búdica. No entanto, a percepção é apenas metade da equação. O último elemento que exploraremos é como deve ser agir a partir dessa realização – responder espontaneamente às pessoas difíceis a partir do reconhecimento de seu sofrimento e da natureza búdica inata.

Parte 1

Pessoas Problemáticas como Nossos Professores

Capítulo 1

Atenção Plena e Sintonização

Gostaria de deixar claro neste momento que este livro não é sobre como se livrar de pessoas problemáticas na sua vida. Não importa o quão iluminado você consiga ser, sempre haverá pessoas que o incomodam e o irritam. Esta obra também não é sobre simplesmente aprender a tolerar indivíduos problemáticos. Nós nos transformarmos no capacho do universo e deixarmos as pessoas saírem impunes do comportamento ofensivo não é algo gentil conosco – ou até para essas pessoas. Este livro é sobre como as pessoas problemáticas nas nossas vidas podem nos mostrar onde podemos nos desenvolver e crescer como seres humanos. A primeira parte desta obra, em particular, é sobre como podemos deixar os encontros com pessoas problemáticas iluminarem áreas que estão ocultas dentro de nós, em sofrimento, agindo com velhos hábitos ou, por outro lado, seguindo em frente. Uma vez que tomamos consciência dessas coisas, podemos começar a responder às pessoas problemáticas com mais sabedoria.

Imagine que você está em um navio no oceano e quer velejar para um porto específico. Se não souber ao certo onde está, não importa que direção tome – nunca chegará ao porto. O primeiro passo crucial é descobrir onde está. Em se tratando de navegar pelos mares tempestuosos dos relacionamentos problemáticos, a atenção plena é uma habilidade crucial. É o que nos permite demarcar nossa posição atual. A atenção plena significa trazer uma consciência deliberada ao que acontece no momento. Nossa forma de demarcar onde estamos no mapa é notar sensações, postura corporal, pensamentos, memórias e ideias para que possamos tomar uma decisão garantida sobre que direção vamos seguir depois.

O que também importa é *como* percebemos – como pretendemos demarcar nossa posição no mapa. É possível trazer uma consciência imparcial, fria e crítica ao que notamos – um pouco parecido com uma câmera de vigilância. Esse tipo de conscientização pode exacerbar com facilidade o incômodo do relacionamento, por causa dos inúmeros julgamentos e críticas que fazemos. Mas também é possível trazer uma consciência materializada, afetuosa e compadecida ao que encontramos. Isso significa ter uma atitude amigável, gentil e aberta, na qual fazemos o máximo para não julgar o que encontramos como bom ou mau – ou, na verdade, desejar que fosse diferente nesse momento. Ter uma consciência com esse tipo de intenção carinhosa para conosco é algo chamado autossintonização – sentar-se metaforicamente, colocar um braço ao nosso redor e nos sintonizarmos com o que sentimos. Essa é a verdadeira prática da atenção plena.

Como a dor e a tensão emocional se originam no corpo, nos ensinamentos da atenção plena há uma forte ênfase em direcionar a conscientização para o aspecto físico da nossa experiência interior – notar a orientação e a postura do corpo, e as sensações que surgem dentro dele. Isso é importante porque devemos conhecer nosso corpo e entender como ele vê e reage ao mundo, se formos navegar com sabedoria por qualquer tipo de relacionamento problemático.

Embora todos nós possamos ser atentos às vezes, a atenção plena é uma habilidade que podemos desenvolver. É possível nos tornar mais atentos, por mais tempo, se praticarmos. Quando comecei na meditação Zen, mal conseguia manter minha atenção por alguns segundos em algo tão simples e inofensivo quanto minha respiração, que dirá algo mais carregado – por exemplo, a gama de sentimentos complexos que surgem quando começo a me irritar com alguém. Ficar atento quando as coisas esquentam ou ficam emocionais é algo que precisa ser melhorado. Por isso, é melhor começar desenvolvendo as habilidades da consciência compadecida em situações confortáveis (ou, pelo menos, neutras).

Por isso, para começar, tente praticar a atenção plena com uma postura corporal confortável, em um espaço silencioso e inofensivo, com o mínimo possível de distrações. Preste muita atenção ao que acontece nesse momento com cuidado. Agir com honestidade e sem julgamentos deve se tornar um hábito – algo que fazemos com frequência quando estamos longe de pessoas problemáticas ou estímulos emocionais. Vamos tentar uma prática simples agora. Se você ainda não faz nada como isso regularmente, sugiro fazer isso todos os dias para começar a desenvolver suas habilidades de conscientização honesta, atenção, paciência e gentileza.

Prática: atenção plena do corpo e das sensações

Posicione-se com uma postura ereta e confortável. Sua coluna deve estar alongada, equilibrada e alinhada, com o queixo um pouco para baixo para alongar a nuca. Deixe seu olhar pousar nessas palavras. Tire qualquer tensão do seu rosto e ombros. Relaxe o abdômen.

Comece a direcionar sua atenção para dentro. Durante essa prática, você pode notar certas sensações desagradáveis – pode sentir dor, desconforto, ficar meio desajeitado, pesado, contraído ou caótico. Apenas faça seu melhor para notar o que está acontecendo, sem julgar como bom ou mau, ou algo que você quer ou não. Nem sempre é fácil, mas faça seu melhor.

Primeiro, traga sua atenção para sua cabeça. Perceba seu peso – ela está inclinada para um lado? Não há certo ou errado, apenas perceba. Como sente o interior da sua cabeça? É apertado, espaçoso, pesado, leve? O que sente na testa? Nas suas sobrancelhas, bochechas, maxilares, lábios, queixo? Se houver alguma tensão ou rigidez, tudo bem – só não interfira e veja se muda. Se houver pouca ou nenhuma sensação, tudo bem também. Se você se vir visualizando as partes do corpo, apenas deixe esses pensamentos de lado e tente sentir essas áreas a partir de dentro.

Se você se distrair (talvez continuando a ler a página ou pensando em outra coisa), não se preocupe. Apenas volte sua atenção ao seu corpo e continue.

Observe seus ombros. Como os sente? Eles estão tensos, relaxados, para cima ou para baixo? O lado esquerdo parece diferente do direito? Seja como for que eles estiverem, mais uma vez, tudo bem. Somente sinta.

Preste atenção no seu peito... escápulas... coluna – seu formato e curvas... sua lombar.

Note o que você sente no abdômen. Não tenha pressa – não apenas se deixe levar por essas palavras, sinta mesmo dentro do seu abdômen. Em alguns momentos há sensações fortes, em outro mais fracas. Às vezes as sensações são sutis, então pode demorar um pouco para notar alguma coisa.

Sinta seus braços – seus cotovelos dobrados... suas mãos – onde elas estiverem, seja o que for que elas toquem: temperatura, pressão, seus dedos dobrados, como você segura esta página agora.

Preste atenção nos seus quadris e na sua pelve, e em todas as camadas profundas de músculo e tecidos. Note suas coxas... joelhos... canelas... tornozelos, pés e dedos dos pés. Se estiver usando meias e/ou sapatos, como se sente?

Agora veja se pode ampliar sua atenção para envolver todo seu corpo. Você se sente em geral leve ou pesado? Com calor ou com frio? Tenso ou relaxado? Lembre-se, não existe certo ou errado, devo ou não devo – a forma que encontrar seu corpo, aqui e agora, é sua experiência. Por tanto tempo quanto puder, não interfira.

Agora respire fundo e alongue-se, se quiser.

Capítulo 2

Desregulação – Por que Perdemos a Paciência com Pessoas Difíceis?

Para começar a responder com mais cuidado às pessoas difíceis, precisamos primeiro entender um pouco mais sobre o que acontece no nosso corpo durante uma interação complexa. Sob circunstâncias normais e não problemáticas, somos o que você chamaria de "regulados emocionalmente": nós nos sentimos calmos, firmes e seguros, e conseguimos controlar (consciente ou inconscientemente) como nossas emoções influenciam nosso comportamento. Isso significa que podemos iniciar, parar ou ajustar de outra maneira nossas respostas emocionais, de tal forma que sejam aceitáveis socialmente e não evoquem estresse ou medo. Encontros problemáticos podem facilmente nos levar à desregulação emocional. Aquele sentimento firme e seguro se dissolve, e ficamos cada vez menos capazes de controlar nosso comportamento. Quando isso acontece, podemos facilmente agir de modo inapropriado e fazer ou dizer coisas opostas aos nossos valores essenciais e das quais podemos nos arrepender depois. Se quisermos responder com sensatez a uma pessoa problemática, então é importante explorarmos por que, em uma situação acalorada, é tão difícil ficar por dentro das nossas emoções crescentes e permanecermos regulados.

Ameaça e neurocepção

Um dos trabalhos de nosso cérebro inconsciente é avaliar o nível de ameaça representada por uma dada situação ou pessoa. Esse sentido de avaliação da ameaça é conhecido como "neurocepção" - um termo cunhado pelo Dr. Stephen Porges, um dos pioneiros no campo de estresse e trauma.[6] Porges é cuidadoso ao apontar que a neurocepção opera totalmente sob nossa conscientização atenta - embora o cérebro seja muito condicionado (influenciado) por experiências do passado e por crenças. Depois de absorver toda a informação apresentada a ele por nossos sentidos, os circuitos neuroceptivos do cérebro determinam se qualquer dada situação ou pessoa são seguras, perigosas ou fatais. Quando o cérebro percebe segurança, sentimo-nos ajustados e conseguimos nos engajar confortavelmente em um nível social. Se percebe perigo, o sistema pode mobilizar o corpo no que é conhecido como reação de "luta ou fuga" (caracterizada por uma descarga de adrenalina, contração muscular e aguçamento da atenção). Na linguagem coloquial, às vezes dizemos "perdi a cabeça" - o que, por mais estranho que possa parecer, descreve vagamente o que acontece em um nível neurológico. A parte do cérebro responsável pela autorreflexão, pelo raciocínio e pelas decisões conscientes (a frente e o topo do cérebro - ou a cabeça, como alguns diriam) fica sobrecarregada (perde-se ou é desconectada) pela parte que lida com nossa resposta à ameaça emocional (o centro límbico no meio do cérebro). Por isso ficamos desregulados. Em um nível máximo de ameaça - em uma situação de risco à vida percebido -, o cérebro poderia, em vez disso, iniciar uma reação de paralisação ou "imobilização" (caracterizada pelo corpo que fica mole e uma desconexão ou branco na mente - como um medo do palco). Todas essas reações estão programadas no nosso sistema por eras de evolução, porque se provaram bem eficazes em salvar nossas vidas. No entanto, há mais para o nosso complicado mundo social do que apenas a sobrevivência.

6. S. W., Porges, *The Polyvagal Theory: Neurophysiological Foundations of Emotions, Attachment, Communication, and Self-regulation*, Nova York, WW Norton & Company, 2011.

Imagine o seguinte cenário: você está descendo uma rua movimentada de bicicleta e alguém abre a porta de um carro estacionado logo à frente. Vendo isso, seu corpo inicia uma resposta de luta ou fuga – sua frequência cardíaca e a pressão sanguínea aumentam, sangue novo preenche seus músculos e sua mente fica focada em um único ponto – você desvia violentamente para evitar a batida. Uma enxurrada de palavrões sai da sua boca, alguns dos quais você nunca usa por serem ofensivos demais. A pessoa que abriu a porta o xinga de volta. Um pouco mais à frente, você cerra os punhos e pensa em descer da bicicleta e dar àquela pessoa o que ela merece. Nesse cenário imaginado, a resposta inicial de luta ou fuga foi a uma ameaça física genuína – e pode muito bem ter salvado sua vida. Mas o que acontece depois determina se você volta para casa em segurança ou vai preso por atacar o motorista.

É importante saber que todos nós temos circuitos neuroceptivos que reagem da mesma forma a qualquer ameaça *percebida* – seja ela do mundo externo (como a porta de um carro estacionado), seja do interno (como achar que alguém não gosta de você). Quando alguém ri de algum erro que você cometeu, seu corpo pode iniciar na mesma hora uma reação de luta ou fuga, porque seu cérebro vê a risada como um ataque – não ao seu corpo físico, mas ao seu senso de identidade ou ego. Isso é crucial para entender quando consideramos pessoas difíceis. Com esse sistema de circuitos de detecção de ameaça, o cérebro está sempre perguntando: "eu posso me machucar – em um nível físico, emocional ou até existencial?"

Lembro-me, no meu segundo ano de universidade, de aparecer para uma prova de mecânica quântica e me sentir muito sob ameaça. Apesar de estudar física, matemática não era realmente meu ponto forte. Com a aproximação da prova, comecei a me sentir cada vez mais nervoso e tenso. Meu cérebro percebeu uma ameaça – dessa vez ao meu senso de mim mesmo. Ele viu a ameaça geral de ser julgado e, mais especificamente, a ameaça de ir mal na prova, o que provocou uma leve ativação do meu sistema de luta ou fuga. Lembro-me de repassar involuntariamente vários cenários catastróficos na minha mente, como tentar responder a uma pergunta e não me lembrar de nada. Essa ruminação só exacerbou a resposta de luta ou fuga do meu corpo – tanto que, enquanto eu estava sentado na sala de aula e veio o anúncio de virar a folha e começar, notei na mesa uma gota de sangue pingando do meu nariz. Logo a gota se tornou uma enxurrada e precisei ser retirado da sala. E isso antes mesmo de eu olhar para a folha da prova!

Às vezes, em vez de uma resposta de luta ou fuga (mobilização), nossa neurocepção percebe uma ameaça com a qual não podemos lutar, nem da qual podemos fugir. Nesse caso é mais provável paralisar o corpo (uma resposta de imobilização). Outro dia, eu estava em uma reunião com um grupo de pessoas que eu não conhecia muito bem. Em ocasiões anteriores, eu tinha achado esse grupo um pouco fechado e difícil. Quando fiz uma sugestão em resposta a uma pergunta, uma pessoa do grupo riu como se eu tivesse contado uma piada e, então, disse algo um tanto condescendente. Com isso, senti-me retrair, física e emocionalmente, na hora – um pouco como um caracol que retrai seus pedúnculos quando eles tocam em um obstáculo. Senti-me mergulhar um pouco mais na minha cadeira e fiquei mais quieto no restante da reunião.

Em qualquer situação ameaçadora, o primeiro passo para garantir que nosso comportamento diminua o mal e aumente a bondade é perceber nossas sensações e sentimentos. A intenção não é mudar esses sentimentos (é impossível mudar como nos sentimos naquele momento), mas modular o que acontece depois ou tomar o controle consciente disso. Sem isso, nossos instintos de sobrevivência básicos tomarão a dianteira e poderão instigar todos os tipos de reações imprudentes provocadas pela ameaça. Então, fazemos nosso melhor para trazer uma abertura e curiosidade ao que sentimos naquele momento. Essa conscientização fornece à mente consciente a informação de que ela pode fazer escolhas conscientes sobre como agir – basicamente, transformar reações em respostas. Quanto mais conscientização tivermos, mais sensatas serão nossas respostas.

Então, como podemos treinar para permanecermos conscientes no primeiro calor da raiva? Primeiro, precisamos praticar com regularidade a atenção plena ao nosso mundo interno em um ambiente confortável e inofensivo. Pratique, pratique, pratique! Então, poderemos aplicar essa compreensão em situações neutras e, em seguida em situações cada vez mais desconfortáveis. Aplicar uma consciência sem críticas precisa se tornar um hábito familiar, que construímos paulatinamente.

Emoções intensas e sentimentos confusos

Às vezes, durante uma situação emocional intensa, ao prestar atenção em seu interior, você encontra uma miscelânea de emoções caóticas, algumas talvez que entram em conflito com outras, algumas até bem dolorosas. Você pode se sentir sobrecarregado por certos sentimentos e pensamentos que parecem estimular um ao outro em um tipo de círculo vicioso. Um estado como esse aparenta ser horrível e confuso, ao ponto de parecer quase impossível enxergar além da confusão. Em um estado de desajuste emocional como esse, é fácil ver como poderíamos atacar ou reagir de formas das quais não gostaríamos.

Trazer a atenção plena a essa confusão significa notar e permitir toda a confusão maluca de sentimentos permanecer, sem considerar que nenhum desses sentimentos é certo ou errado, ou algo que você deveria ou não sentir. Fazer isso no calor do momento não é fácil. É preciso força e muita gentileza. Saiba que você não precisa fazer nada sobre a confusão de sentimentos agora. Note como você sente essa desordem em seu corpo e deixe-a ter seu espaço (tanto quanto puder).

Às vezes, sentimentos fortes podem nos cegar a outras sensações e sinais mais sutis. É como comer um prato tão apimentado que você não consegue sentir mais nada, ou tentar ouvir o tique-taque do relógio enquanto toca uma música em alto volume no rádio. A sensação mais discreta pode estar tentando nos dizer algo importante, mas ela é abafada.

Vejamos um exemplo para ajudar a explicar o que isso significa. Você está em uma festa, batendo um papo com alguém que nunca viu antes. A conversa está boa, mas cada risada da pessoa o deixa com os nervos à flor da pele. Não tarda até você pedir licença e se afastar. Mais tarde, você se sente mal por tê-la deixado porque ela era muito legal. Se agora analisarmos esse exemplo com a perspectiva de alguém que tem um hábito estabelecido de conscientização, podemos ver o que acontece. Você está apreciando a conversa, mas a cada vez que a pessoa ri você nota um embrulho na barriga que o faz se sentir um pouco enjoado e cerra os dentes. Nota uma compulsão em sair da sala. Em vez disso, você se pergunta o que está sentindo além do óbvio. Quais são as sensações e os sentimentos mais discretos e sutis? Você começa a perceber que a expressão facial da pessoa faz lembrá-lo de um antigo relacionamento de alguns anos atrás, com quem você teve um rompimento difícil. A memória (inicialmente inconsciente) acionava sentimentos fortes que dominavam os sentimentos mais suaves centrados na interação social e na conversa. Com essa percepção, você descobre que a risada da pessoa para de afetá-lo tanto que você pode se envolver totalmente na conversa.

Às vezes, principalmente quando você está apenas começando com uma abordagem atenta, percebe tarde demais que havia mais sentimentos sutis por baixo dos fortes. Lembro-me de que, há alguns anos, quando fazia psicoterapia, minha terapeuta me perguntava como eu me sentia quando minha mãe deixava de me perguntar como eu estava durante nossa conversa semanal por telefone. Eu sempre queria que ela perguntasse, e me sentia frustrado quando ela não fazia isso – mas achei difícil descrever o que eu sentia além disso. Quando pratiquei mais a sintonização com meu corpo, logo depois da ligação percebi que ficava decepcionado e podia me perguntar o que mais eu sentia. Sentia-me negligenciado, e com isso veio um aperto no meu peito e um desejo de que as coisas fossem diferentes. Aos poucos, consegui notar cada vez mais aquele momento, até que consegui sentir toda uma variedade de sentimentos e narrativas subjacentes que apareciam de fato durante a ligação. Então, consegui descrever isso para minha mãe, o que nos deu uma oportunidade de começar a conversar sobre o que acontecia entre nós.

Relutância em reconhecer o que sente

Se você continuar a olhar para dentro com honestidade e aceitação, poderá verificar um senso de resistência ou relutância em encarar como está se sentindo. Talvez reconhecer o que é isso possa sufocá-lo ou ser como abrir algum tipo de caixa de Pandora.

Vejamos outro exemplo: Oscar vê sua mãe regularmente. Apesar do fato de ser adulto, sempre que passa um tempo com ela, ele ainda se sente importunado como se fosse uma criança. Ela o manda endireitar as costas, parar de gastar seu dinheiro em viagens caras e pergunta com uma regularidade monótona quando ele vai encontrar alguém e sossegar. Sem perceber que o efeito de todos esses pequenos comentários é cumulativo, ele se vê ficando bravo depois de cada observação – bem mais do que considera razoável por um comentário tão fortuito. Mas, ao pensar que não deveria ficar tão bravo, ele reluta em aceitar toda a extensão de seus sentimentos e, de fato, os suprime.

Eis aqui um exemplo diferente: Kate tem um relacionamento hostil e desconfortável com uma colega no trabalho. Se, por um lado, ela sabe que quer conhecer melhor sua colega, por outro, sente uma resistência enorme em fazer isso. Secretamente, sabe que sente atração por ela. Kate não consegue admitir para si mesma que possa ser *gay* e sente vergonha de seus sentimentos e, portanto, reluta em reconhecer totalmente o que acontece de verdade.

Nessas situações, o primeiro passo atento é fazer nosso melhor para nos abrirmos para quaisquer sentimentos que surgirem, ainda que sejam inesperados, indesejados ou dolorosos. Não importa se você acha que deva ou não se sentir assim. Não importa se gosta dos seus sentimentos ou não – ou acha que eles são loucos, despropositados ou algo bom/ruim. Isso é o que você sente. Por mais que se empenhe, não pode mudá-los neste momento. Estar disposto a enfrentar tudo o que sente requer muita coragem – junto a uma grande gentileza e honestidade. Não quero minimizar a dificuldade disso e de quanta força é necessária para reconhecer totalmente como você se sente. Caso você se reconheça aqui, vá com calma. Este trabalho é muito mais sobre gentileza do que qualquer outra coisa.

Se você identificar quaisquer emoções outrora não identificadas, é importante que as deixe aparecer totalmente e encontre uma forma de expressá-las com segurança. Para ajudar com esse passo, no Zen estudamos *koans*, palavra japonesa que significa literalmente "caso" ou "precedente". *Koans* são frases, histórias ou exemplos de situações que muitas vezes não parecem fazer sentido, que levaram ao despertar de alguém no passado, e podemos estudar isso hoje. Sua aparência exterior confusa ou ilógica foi criada para nos ajudar a nos tirar dos nossos modos habituais de percepção do mundo, e forçar a mudar nossa perspectiva das coisas.

Um *koan*, retirado dos escritos do filósofo chinês Confúcio, diz: "Uma pessoa virtuosa nunca está sozinha".[7] Nessa frase, Confúcio usa a emoção da solidão como um exemplo. Ele lhe diz, como uma pessoa virtuosa, que, se você algum dia se sentir sozinho, deve fazer seu melhor para não se deter ou resistir de alguma forma; que você deve se permitir tornar-se completamente esse sentimento de solidão. Quando essa solidão encontra sua expressão dentro de si – talvez por meio de um choro sentido ou afundando em uma cadeira –, você e o sentimento de estar sozinho se transformam em um. Nesse ponto não há "você" se sentindo "sozinho" – há apenas solidão. Pode não parecer confortável, mas é como você está naquele momento. Quando você e o sentimento se tornam um, você e o universo se tornam um e, se você se une ao universo, com todos no mundo inteiro e com cada outro mundo por todo o cosmos, como pode estar sozinho? Por isso, como Confúcio diz, uma pessoa virtuosa nunca está sozinha. Podemos aplicar esse mesmo ensinamento a qualquer emoção. Quando deixamos essa emoção entrar, a reconhecemos completamente, a aceitamos e a expressamos, nos *transformamos* nela 100%. Nesse ponto não estamos mais separados do universo – *somos* todo o universo expressando-se nesse momento.

É importante conhecermos duas advertências sobre esse ensinamento.

Primeiro, é vital que encontremos uma forma de expressar com segurança qualquer emoção que surja. As pessoas que se tornam budistas formalmente adotam preceitos (um conjunto de orientações que descrevem uma vida saudável, incluindo os preceitos de não matar, não roubar, não mentir, e assim por diante). Eles podem servir

7. Confúcio, *Analects*, 4.25.

como uma barreira de segurança ao redor da forma como expressamos emoções fortes para garantir que não façamos o mal. Mas não precisamos adotar os preceitos para estabelecer essa intenção. Podemos apenas pretender não fazer mal em qualquer momento desse trabalho.

Segundo, é importante fazer nosso melhor para não ficarmos presos à emoção enquanto exploramos o fato de deixá-la aparecer totalmente. A emoção é apenas um visitante na morada do nosso ser. Ela, como todas as outras coisas, surgirá e passará. Prender-se a ela ou cultivá-la de alguma forma não servirá de nada para nós ou para ninguém ao nosso redor. Não se trata de aprender a tolerar emoções difíceis ou se tornar um capacho para um comportamento inapropriado ou abusivo. Trata-se de aprender a reconhecer nossas emoções tão completamente quanto pudermos – deixarmos elas aparecerem e serem expressas apropriadamente tanto quanto for possível (enquanto fazemos nosso melhor de não causar mal), deixando-as sumir ou se dissolverem quando estiverem prontas, sem nos prender a elas enquanto isso.

Restauração do ajuste emocional

Como já mencionamos, ao percebermos que estamos ficando desajustados diante de uma pessoa problemática, o primeiro passo crucial é perceber o que sentimos – notar, por exemplo, a energia, a tensão ou o impulso crescentes de agir ou falar – e reconhecer isso tão completamente quanto pudermos, com uma atitude de abertura. Não é fácil ficar ajustado enquanto as coisas ficam acaloradas ou carregadas emocionalmente. É algo que precisamos praticar e desenvolver. É difícil encontrar um jeito de deixar a irrupção inicial de emoções diminuir um pouco antes de reagir a elas. Ainda mais difícil, na verdade, é lembrar-se de levar sua atenção para dentro enquanto estiver no meio de uma interação problemática. Então, como voltamos a esse estado equilibrado, consciente e ajustado? Na verdade, existem duas formas: sozinho ou com a ajuda de outras pessoas.

Em certas situações, podemos sentir a necessidade de sair de correntezas turbulentas – nos afastarmos de pessoas, ficarmos distantes e ir para algum outro lugar silencioso. Nesse silêncio, podemos achar que conseguimos nos acalmar e refletir sobre o que acontece. Um dos efeitos da reação de luta ou fuga é que a atenção é aguçada. Nosso cérebro concentra-se na sobrevivência e, como resultado, nossa habilidade de pensar de forma lateral e criativa diminui. Então, se você consegue encontrar um lugar silencioso, tente ampliar a visão da situação e sintonizar-se com o que acontece no seu corpo. Uma mente relaxada e calma é melhor para ver a perspectiva mais ampla. Para auxiliar nesse processo de harmonização, fazer algo tranquilizador para si mesmo pode ajudar – como se sentar com uma boa bebida quente ou tomar um banho (é claro que precisamos tomar o cuidado de não nos distrairmos).

Em situações diferentes, podemos conseguir nos ajustar melhor com a ajuda de outras pessoas. Podemos começar a nos sentirmos desregulados quando interagimos com uma pessoa problemática enquanto estamos em companhia de outras pessoas seguras e confiáveis. Se essas outras pessoas forem mais ajustadas do que nós, então olhar para elas pode ajudar a acalmar na hora nosso estado emocional elevado. Os seres humanos, assim como outros mamíferos, são mais sintonizados socialmente. O estado emocional de uma pessoa pode "imantar" outras a um nível conhecido como nosso "sistema de engajamento social".[8] Imagine, por exemplo, que você está sentado na sala de conferências do escritório com seus colegas, esperando o chefe chegar para uma apresentação. Quando o chefe entra na sala, está visivelmente tenso, andando com movimentos bruscos e obviamente estressado. Apenas alguns minutos depois, todos na sala também começam a se sentir agitados e tensos por ressoarem o estado desajustado do chefe. O importante aqui, no entanto, é que a mesma coisa pode acontecer ao contrário. Vamos inverter o exemplo – você é o chefe chegando à sala de conferências para fazer sua apresentação, depois de ter de disciplinar e quase demitir um de seus gerentes seniores por seu comportamento. Você se sente tenso e disperso. Olha ao redor da sala e, felizmente, faz contato visual com alguém na segunda fileira que está sentado calmamente, com uma expressão suave e gentil em seu rosto. Esse momento de conexão com alguém

8. Para saber mais sobre o sistema de engajamento social, veja Porges, *The Polyvagal Theory*.

que está firme e ajustado o ajuda a se acalmar e restabelecer um pouco sua própria estabilidade.

Todas as crianças novas têm apenas o segundo método disponível a elas – dependem dos outros para ajudá-las a se harmonizarem. Isso porque sua série de circuitos de detecção de ameaça ainda não se desenvolveu totalmente e elas ainda não aprenderam como modular ou atenuar seu comportamento. Uma amiga minha, professora de escola primária, me conta que vê isso o tempo todo na sua classe. Quando tem um barulho repentino, ou alguém inesperado entra na sala, as crianças aguçam os ouvidos e logo viram os olhos para ela. Se não podem vê-la, elas podem começar a ficar chateadas, mas, se elas se viram e encontram um rosto calmo e uma postura corporal neutra, então sabem que não há perigo e se sentem tranquilas.

Ajudando os amigos a regular

Aprender sobre nós mesmos e sobre nossa própria reação a pessoas problemáticas nos fornece várias ferramentas úteis que podem ajudar quando nos vemos ao redor de outros com dificuldades com pessoas difíceis. Como um amigo (talvez uma das pessoas confiáveis ou seguras que mencionei anteriormente), uma das melhores coisas que você pode fazer por alguém que está ficando desajustado em um encontro problemático é permanecer firmemente equilibrado. No entanto, como citei, os estados emocionais são bem contagiosos – nós nos sintonizamos (imantamos) com os outros com muita facilidade. Algumas das melhores aulas de ioga em que estive começaram com o professor obviamente tranquilo e equilibrado. Podia ter acabado de chegar do trem, do trabalho ou do mercado e me sentir bem inquieto. Eu tinha noção da minha mente mastigando criticamente os eventos do dia ou preocupada com as listas do que eu tinha a fazer. Mas quando via e sentia o professor em um estado de equilíbrio, parecendo, agindo e transpirando calma e estabilidade, meu corpo não podia deixar de ressoar com isso e começar a se tranquilizar também.

Quando estamos em volta de alguém que está desajustado (por ter um ataque de pânico, por exemplo), é difícil permanecer tranquilo e estável. Por isso, conhecer algumas dicas pode ajudar. A primeira e mais importante é desenvolver um hábito de atenção plena. Ter essa sensibilidade e consciência como algo a se esperar o coloca em um lugar muito melhor para notar os primeiros sinais de alerta de sair de seu estado equilibrado. Você pode, então, ajustar seu comportamento muito mais rápido. Nosso sistema de engajamento social é criado para ser sensível a expressões faciais, tons de voz e postura corporal. Então, tente parecer o mais inofensivo (seguro) possível para aliviar seus circuitos de detecção de ameaça. Você pode suavizar sua expressão facial (relaxar conscientemente sua testa e maxilar), tranquilizar a pessoa com um tom calmo e neutro, com uma entonação naturalmente variada (seus altos e baixos tonais normais) e usar frases curtas e simples. Adote uma postura relaxada (por exemplo, descruzar seus braços e pernas e soltar as mãos) e molde um padrão de respiração natural e tranquila. Você poderia chamar isso de dessintonizar-se de propósito da pessoa com a qual interage para ajudá-la a sossegar e ficar estável. Quando ela o vir visivelmente sossegado, ela se imantará com você, em vez de acontecer o contrário. Muito disso agora é ensinado no curso de Primeiros Socorros da Saúde Mental, padronizado por todo o mundo por ser eficaz em uma variedade de situações nas quais as pessoas poderiam perder a cabeça e o autocontrole.

Por fim, é importante reconhecer que manter o equilíbrio emocional requer recursos mentais. Ficar atento demanda concentração, certo nível de vigilância para filtrar nossos julgamentos e críticas, e uma forte intenção de ser gentil em face da irritação ou da falta de cuidado. Isso significa que manter o equilíbrio emocional se torna particularmente difícil quando há outras demandas no seu sistema, como estresse do trabalho ou pressões do tempo. Uma amiga minha, por exemplo, me disse recentemente como acha difícil encarar uma conversa com seu pai, bastante pedante e antiquado, à noite depois do trabalho, porque sua mente ainda está cheia das demandas do dia. Ela acha que é muito mais fácil no final de semana, quando está mais relaxada. Por isso, em momentos de aumento de estresse, é importante pegar ainda mais leve consigo mesmo e fazer seu melhor para evitar situações particularmente problemáticas, se possível.

Capítulo 3

Padrões e Tendências – Estratégias de Enfrentamento

Até aqui analisamos algumas formas nas quais as interações problemáticas podem nos mostrar por que ficamos de forma temporária desequilibrados emocionalmente (e, portanto, ficamos muito mais propensos a atacar ou fazer algo de que nos arrependeremos depois). Agora, vamos explorar o que nossos encontros problemáticos podem nos ensinar sobre nossos padrões, hábitos e atitudes mais gerais.

Teoria do apego

Desenvolvida nos últimos 60 anos ou mais, a teoria do apego[9] fornece um contexto útil pelo qual podemos entender como alguns dos nossos padrões de comportamento emocional e interpessoal se estabeleceram. Em essência, a teoria descreve os tipos de laços psicológicos que somos capazes de criar com os outros como uma consequência do tipo e da qualidade dos relacionamentos que tivemos quando crianças com nossos primeiros cuidadores (como nossos

9. J. Bowlby, "The Nature of the Child's Tie to His Mother", *International Journal of Psychoanalysis*, 1958, 39, 350-373, C. Hazam e P. Shaver, "Romantic Love Conceptualized as an Attachment Process", *Journal of Personality and Social Psychology*, 1987, 52, 511-524.

pais). A teoria propõe que uma criança cria um "padrão de apego seguro" quando seus cuidadores estavam disponíveis, respondiam às suas necessidades e eram suficientemente confiáveis nessa oferta. Essa base segura cria um alicerce para a criança explorar o mundo, sabendo que sempre haverá um lugar seguro e acolhedor para retornar. A teoria propõe que as coisas tomam uma direção diferente quando um cuidador é menos acolhedor ou confiável.

Se, por exemplo, uma criança aprender que, para conseguir que suas necessidades sejam atendidas e receber um acolhimento seguro o suficiente, ela não deve exigir demais de seu cuidador (talvez por ele estar muitas vezes preocupado ou até ausente), ou se tiver suas exigências por proximidade rejeitadas repetidas vezes, então ela pode aprender a se retrair (isso é conhecido na teoria como um "padrão de apego desdenhoso ou de esquiva"), ou fazer o completo oposto: tornar-se exigente demais (criando um "padrão de apego ansioso"). À medida que elas crescem, as crianças que vivem nesse padrão passam a acreditar de modo inconsciente que suas necessidades essencialmente não serão atendidas. Crianças que aprendem a se retrair podem, quando adultos, ter dificuldades em confiar nos outros, incluindo figuras de autoridade. Elas podem negar a importância de entes queridos e se verem como independentes. As crianças no padrão ansioso podem, quando adultos, se agarrar aos seus entes queridos por toda a vida e, como resultado, se sentir atraídas por figuras de autoridade.

Em outro caso, se o cuidador da criança às vezes era amoroso e presente e às vezes era ausente – ou até assustador ou abusivo –, a criança poderia terminar em um padrão "ambivalente" ou "desorganizado". A criança pode concluir que as vezes em que o cuidador foi ausente ou assustador foram sua culpa. Quando adulta, ela pode duvidar de si e de seus relacionamentos constantemente. Ela pode desejar segurança e intimidade, mas sentir medo de que a pessoa de quem se aproximar a deixará, ou não medirá esforços para receber atenção e afeto, mas se recusará a retribuir. Na ponta extrema, ela pode acabar caótica e explosiva. É um fato triste que adultos também possam ser atraídos por relacionamentos destrutivos ou perniciosos apenas porque o estilo de apego parece familiar a suas experiências na infância – e, portanto, previsível. Nessa situação, relacionamentos acolhedores com limites saudáveis podem parecer anormais ou imprevisíveis, embora eles possam, na verdade, oferecer mais alento e segurança para todos os envolvidos.

A teoria do apego oferece uma forma de compreender *como* as crianças acabam adotando certos padrões comportamentais como resultado da qualidade de sua criação. No entanto, na atenção plena, não estamos realmente preocupados com os motivos de como as coisas aconteceram. A atenção plena é sobre ver as coisas como são neste momento e aceitar essa verdade. Além disso, as estratégias defensivas que uma criança pode adotar por instinto nem sempre têm uma correspondência fácil com os padrões que propagam quando adultas.[10] Por isso, eu gostaria de analisar os padrões comportamentais adultos de um ângulo um pouco diferente e por meio de lentes budistas.

Por mais que terminemos com eles, quando adultos todos nós temos um estilo comportamental padrão ou preferido em se tratando de lidar com pessoas ou situações difíceis. Não digo que sempre nos comportamos desse jeito, mas é apenas um hábito característico. Vou categorizar esses estilos em três campos: "as forças de atração", "as forças de repulsão" e "as forças de delusão/ignorância". Pessoas no campo da "atração" costumam se comportar de uma forma cobiçosa, desejosa ou carente ao redor de pessoas problemáticas. Pessoas no campo da "repulsão" costumam se comportar se enraivecendo ou evitando a situação (as duas são formas de sentimentos de aversão, repelindo sentimentos ou pessoas). Pessoas no campo da "delusão" operam a partir de concepções errôneas ou equívocos que pensam ser reais. De acordo com Buda, aversão, desejo e delusão são as três causas subjacentes do sofrimento. Vamos explorar esses padrões de atração-repulsa e delusão com mais detalhes.

10. Se você estiver interessado em ler mais sobre esta área, eu recomendaria o seguinte livro esclarecedor: A. Miller, *The Drama of the Gifted Child: The Search for the True Self*, *Nova York*, Basic Books, 1997.

Padrão de carência-desejo

Algumas pessoas com esse padrão desejam atenção. Como resultado, elas podem suportar um tratamento absolutamente terrível apenas para consegui-la – sentindo que qualquer atenção é melhor do que nada. Outras querem que as pessoas gostem delas e podem também se culpar pelo que dá errado em um relacionamento. Se alguém a ofende, ela pode agir rápido para apaziguar a outra pessoa, de modo a amenizar a dificuldade e evitar que o outro pense mal dela de alguma forma. Por exemplo, Zeyn trabalha em uma equipe na qual uma pessoa é arrogante, egocêntrica, e que sempre o diminui e o ignora. Mas, em vez de dizer a ele como se sente, Zeyn frequentemente se desculpa por suas inadequações percebidas, promete que trabalhará mais, acha que deveria aceitar mais o estilo de interação do outro e até o defende em conversas com outros colegas.

Outra tendência de carência-desejo é compensar em excesso quaisquer deficiências em uma situação problemática, sendo excessivamente tagarela ou espalhafatoso. Lembro-me de quando uma amiga levou seu novo namorado para um churrasco no fim de semana para conhecer nosso círculo de amigos. Desde o primeiro momento, o namorado novo estava amigável demais. Agora que o conheço melhor, posso ver que ele acionou seu comportamento de molecagem para a ocasião, esforçando-se para que gostassem dele. Em uma situação social (incluindo as românticas) na qual um parceiro é mais distante ou fechado, uma resposta de carência típica seria sentir a necessidade de deixar o parceiro mais retraído "fora de si".

Embora ficar preso nesse padrão de carência leve a um ciclo de sofrimento que é difícil de ser rompido, os aspectos desse hábito podem ser úteis em certos momentos. Esse desejo, por exemplo, pode motivá-lo a se manter ou perseverar em um relacionamento do qual outros poderiam desistir prematuramente.

Se você reconhecer esse padrão em si, pode começar trabalhando para suavizar esse hábito analisando com honestidade o que deseja. No Zen, exploramos isso por meio do *koan:* "O Pobre Seizei". Dizem que o monge Seizei procurou seu professor, Sozan (que viveu de 840 a 901 na China), e disse: "Seizei está totalmente pobre. Você o auxilia?" Sozan chamou: "Seizei!" Seizei respondeu: "Sim, senhor!" Sozan disse: 'Você bebeu três taças do melhor vinho da China e ainda diz que não molhou seus lábios!"

Com essa frase de abertura, Seizei está afirmando estar em pobreza completa e pede para seu professor ajudá-lo. Ele está com a mentalidade de que precisa do que está fora de si, que é (nesse caso) algo que seu professor pode dar a ele. (Na verdade, Seizei pode ter sido um monge de alguma compreensão e seu pedido de abertura poderia ser visto como um subterfúgio para testar seu professor.) Em resposta, Sozan chama seu nome e Seizei responde: "Sim, senhor!" Com esse chamado e resposta, Sozan pega Seizei pela mão e o leva para o lugar da unidade, da urgência, da intimidade com as coisas como elas são. Ao lhe responder de forma direta, sem pensar, Sozan mostra a ele a verdadeira terra da fartura na qual não nos falta absolutamente nada porque, na verdade, *somos* todo o universo. Com uma gentileza profunda, ele finalmente explica isso para Seizei apontando que ele já estava bebendo o melhor vinho da China, e "você diz que ainda não molhou seus lábios" – você diz que está pobre, mas aqui está você com isso tudo, bem aqui!

Às vezes, assim como Seizei, é difícil vermos que, na verdade, não nos falta nada, aqui e agora. Você está pobre? O que lhe falta? (Essa questão importante é uma parte de um *koan* retirado dos registros do mestre Rinzai, o *Rinzairoku*: "Seguidores do Caminho, como vejo, vocês não diferem do Shakya [o Buda]. Hoje, em suas diversas atividades, o que lhes falta?")

O que você deseja? Tente sentar-se com caneta e papel e, tão honestamente quanto puder, anote o que deseja em sua vida – das menores às maiores coisas. Tente não editar nem censurar o que aparece – apenas anote o que aparecer. Seu trabalho é indagar, reconhecer e aceitar tudo o que você notar, e ser gentil e solidário consigo. Os desejos e os padrões de hábito têm poder quando são inconscientes, mas quando vêm à tona e são reconhecidos, então muito de seu poder evapora. Como seria andar por aí na vida bebendo o melhor vinho do universo? Qual seria o gosto desse néctar?

Padrão de raiva-aversão

Algumas pessoas costumam reagir a pessoas ou situações problemáticas ficando frustradas e com raiva. É importante perceber que a raiva é uma emoção essencial e útil. Ela nos dá a força para tomar medidas apropriadas e assertivas, quando necessário, para garantir o bem-estar ou a sobrevivência de todos nós e dos outros. No entanto, se for negligenciada, a raiva pode inflamar-se, criando um tumulto interno, pensamentos negativos e tensão física. Se for deixada para crescer debaixo da nossa consciência, ela pode facilmente se intensificar até o nível de explosão, no qual fica muito mais difícil de se expressar com segurança. Por isso, precisamos saber como controlá-la com sabedoria. Podemos lidar com frustração e raiva por meio de três níveis – dependendo da sua habilidade de ficar presente com as sensações enquanto aumentam, e lidar com a energia emocional concomitante que é lançada no seu sistema.

1. **Dê vazão à sua raiva com segurança.** Isso já requer um nível de autoconhecimento e controle para que possamos conter o acúmulo de energia até estarmos em um lugar seguro. Entre as formas seguras de vazão estão socar um travesseiro, caminhar ou gritar bem alto no meio de um campo.
2. **Aterre a energia.** Isso requer um pouco mais de prática e de consciência da energia ao redor da raiva. Para fazer isso, você pode tocar o chão com a intenção de que a raiva escoe de você. Assim como um para-raios conectado ao chão, tocar a terra é como se aterrar psicologicamente. Você pode imaginar a energia quente e radiante da raiva saindo da sua mão para a terra e sendo liberada.
3. **Redirecione a energia.** Este terceiro nível nos pede para perceber que a energia que a raiva libera no nosso sistema não é inerentemente boa ou má. Com a nossa prática, podemos trabalhar para redirecionarmos ou canalizarmos com habilidade em um tipo de compaixão impetuosa que nos motiva a adotar uma ação positiva. Lembro-me de que o Dalai Lama disse certa vez em uma conferência que deveríamos

sempre ser gratos às pessoas que nos deixam com raiva – exatamente porque elas liberam a energia que podemos usar para o bem.

As pessoas que ficam com raiva em volta de pessoas problemáticas podem muitas vezes ocasionar confrontos ou brigas (principalmente se a outra pessoa também se enfurecer com facilidade). Isso nos leva ao próximo *koan* Zen que vamos explorar: "Como você acaba com uma briga no outro lado do rio?" Esse *koan* é feito para nos fazer analisar o conflito e como lidar com ele com uma perspectiva Zen.

No entanto, antes que avancemos, vamos analisar brevemente outro *koan* para nos ajudar a entender como trabalhar com esse tipo de questão – o *koan* do *Mu* do mestre Joshu. Dizem que um monge se aproximou de Joshu (que viveu no século IX na China) e perguntou: "Um cachorro tem uma natureza búdica?" Joshu respondeu: "*Mu!*" À primeira vista, isso não parece fazer nenhum sentido (especialmente se você sabe que *mu* é uma palavra japonesa, pronunciada como *wu* 無 na história chinesa original, que significa "não" e costuma ser usada como um prefixo negativo, como "un-" em inglês e "an-" em português). Mas, ao explorarmos mais o *mu,* passamos a conhecer a mente de Joshu no momento exato em que ele respondeu dessa forma.

Quando começamos, o *mu* é um conceito confuso que parece distante, estranho e impenetrável. Ao aprendermos a deixarmos de lado nossos julgamentos iniciais sobre ele não fazer nenhum sentido, a pessoa que analisa o *mu* e o próprio *mu* podem se aproximar cada vez mais – até enfim se juntarem. É nesse ponto que a lente da câmera pela qual percebemos o mundo muda e vemos as coisas não com uma perspectiva de separação, mas de não separação ou não dualidade. Entramos na mente do despertar nos tornando *mu* e, fazendo isso, a aparente separação entre nós e todo o universo desaparece.

Então, como você acaba com uma briga do outro lado do rio? À primeira vista, se estamos aqui e a briga é lá, como podemos? Isso poderia ser o mesmo que: "Como podemos acabar com o conflito em algum país distante dilacerado pela guerra?", ou: "Como podemos acabar com uma briga na outra sala?", ou: até mesmo "Como podemos acabar com uma briga quando você está no meio de uma e está prestes a explodir?"

Ocorre uma escalada no conflito quando a distância psicológica ou emocional entre as duas partes se torna intransponível. Um golfo enorme se abre, grande o bastante para conter um rio vasto, como sugere o *koan*. Mas essa distância existe apenas quando percebemos as coisas pela lente da nossa visão convencional, na qual tudo é distinto, separado e retraído. Assim como o *mu* de Joshu, se realmente começarmos a analisar essa questão de como acabar com uma briga, então a questão e o questionador (você) se aproximam cada vez mais – como dois lutadores que se aproximam um do outro no ringue. Em dado momento – como acontece quando os dois lutadores enrolam os braços e as pernas um no outro –, a luta de lá, do outro lado do rio, desaparece de vista. Descobrimos que não há luta lá e ninguém está assistindo. Há apenas briga! Nesse ponto, literalmente nos tornamos a briga. E, quando fazemos isso, entramos na perspectiva da não separação, da unidade. Vemos que essa outra pessoa está tão separada de nós quanto nossa mão direita está da esquerda. E quando você saberia que uma mão briga com a outra?

Devo admitir que não é fácil ver essa perspectiva no calor do momento. Temos de desenvolver os meios por uma prática constante para mantermos nossa consciência sem críticas sobre o que acontece e sobre como nos sentimos – mas é possível.

O próximo *koan* a ser analisado leva nossa atenção a discussões e discórdias – outro resultado relacionado ao padrão raiva-aversão. Esse *koan* lembra uma situação no monastério do grande mestre Zen do século VIII, Nansen (professor de Joshu). O relato inicia com os monges de um lado do monastério discutindo com os monges do outro lado por causa de um gato. Não há uma menção específica na história sobre o motivo da discussão, mas, apenas por se envolverem em uma discussão insignificante, os monges não mostravam nenhum nível de entendimento ou compaixão. É nesse ponto que Nansen entra – e só podemos imaginar como ele se sentiu ao ver seus monges discutindo assim. Então, Nansen pega o gato, puxa uma faca e diz: "Ei, monges! Se vocês conseguirem dizer uma palavra do Zen, pouparci o gato. Caso contrário, eu o matarei!" Nansen estava dando a todos uma oportunidade de mostrar para ele que entenderam algo do que lhes foi ensinado. O relato diz que, como ninguém conseguiu responder, Nansen cortou o gato em dois.

À primeira vista, isso poderia parecer uma forma cruel de transmitir sua opinião. Ele pode muito bem ter de fato fatiado o gato em dois, mas a história também pode ser vista de uma forma metafórica ou simbólica. Uma discussão começa porque temos um ponto de vista conflitante. Eu penso: "estou certo e você está errado". Isso é o mais dualista e separado que se pode conseguir ficar. Nansen tentava fazer seus monges saírem dessa mentalidade e verem a perspectiva não dual, na qual os conceitos de certo e errado e de você e eu se dissolvem. Quando estudamos o *koan*, é isso o que ele nos encoraja a fazer.

Em sua resposta a esse caso, o mestre Zen japonês do século XII, Dogen, escreveu que, se ele fosse um dos monges brigões, teria dito: "Você sabe como cortar o gato em dois com uma espada, mas não sabe como cortar o gato em uma parte com uma espada".[11] A morte do gato representa alegoricamente a divisão da mente dualista – aquela na qual há duas metades de um gato, eu me sinto separado de você e minha visão é a mais "correta" – para que possamos entrar na mente não dual. O gato é cortado em uma parte. Miau!

Na cena seguinte do *koan*, Nansen encontra seu aluno veterano Joshu depois que ele volta das compras e relata o que aconteceu. Em resposta, Joshu não pronuncia uma palavra, apenas tira sua sandália, coloca-a em sua cabeça e sai. Nansen responde admiravelmente: "Se você estivesse aqui, o gato teria sido salvo!" De fato, a resposta de Joshu parece bizarra. Mas o importante aqui é que Joshu não entrou na discussão pelo gato, nem disse o que deveria ou não deveria ter sido feito. Ele simplesmente expressou a essência do Zen – em seu próprio modo peculiar – por meio de uma ação direta espontânea

11. Eihei, Dogen, *Shobogenzo*, disponível em: <global.sotozen-net.or.jp/common_html/zuimonki/01-06.html>.

que saiu da mente do despertar. Essa era o tipo de resposta que Nansen esperava dos monges brigões quando ele pediu por "uma palavra do Zen".

E, por intermédio desse *koan,* isso é o que Nansen busca em nós. No meio de uma discussão, considere seu ponto de vista na situação e sua visão de mundo. Se permanecermos com a mentalidade do "eu estou certo e você está errado", o conflito continuará inevitavelmente. Tudo o que acontecerá é que cada parte endurecerá sua posição cada vez mais até o problema tornar-se intratável. Depende de nós perguntarmos se essa é a única forma de vermos as coisas. Podemos ver a situação com uma perspectiva diferente? Podemos ver que estamos nessa juntos e que esse sofrimento é uma cocriação nossa? A mão direita pode parar de brigar com a esquerda?

Padrão de fuga-aversão

Há aqueles que caem no padrão da aversão: em vez de ficar furiosos com pessoas ou situações problemáticas, eles reagem evitando-as. Vejamos alguns exemplos:

- Henry acha alguém, em seu grupo de amigos em comum, difícil, então, sempre arruma uma desculpa para não se encontrar com o grupo quando ele sabe que a pessoa estará lá.
- Na rota de caminhada usual de Ella para o mercado, ela sempre dá de cara com alguém que se aproxima dela e reclama de tudo o que acontece na sua vida. Como resultado, Ella começou a fazer uma rota diferente (embora demore mais).
- Millie é professora escolar, e começou a notar que ela muitas vezes evita ligar para pais mais difíceis para falar sobre o comportamento de seus filhos, porque ela acha isso muito embaraçoso. Se cria a coragem para telefonar e tem de deixar uma mensagem, sente-se aliviada quando eles não retornam a ligação. Ela está ciente de que sua evasão significa que as questões não estão sendo resolvidas corretamente, mas ainda se vê nesse padrão repetidas vezes.

Infelizmente, há muitas formas de evitarmos lidar com pessoas difíceis, tornando este um dos padrões mais fáceis de se cair. No entanto, como a evasão é algo que muitas vezes acontece abaixo do nível de consciência, é também um padrão difícil de se trabalhar - se não estamos cientes dele, como sabemos que há algo com o qual precisamos lidar? É aí que amigos ou a família podem ajudar - outras pessoas muitas vezes perceberão se você está evitando algo antes de você, então preste muita atenção se elas sugerirem que você está em um padrão evasivo.

Negação

Apenas em certas situações, é possível evitar totalmente uma pessoa problemática. Referimo-nos a essas pessoas como problemáticas porque elas geram emoções desafiadoras e desconfortáveis dentro de nós. Por sermos seres humanos, estamos presos no nível subconsciente a nos aproximarmos do prazer e nos distanciarmos da dor. Por não gostarmos de sentimentos desconfortáveis, nosso cérebro tem muito mais truques na manga que apenas a evasão para nos afastar desse desconforto.

Uma coisa simples que o cérebro pode fazer é negar que os sentimentos existem. Vejamos alguns exemplos simples para ilustrar o que isso significa.

- Aparecem cada vez mais evidências de que o parceiro de Amy tem um caso, mas a mente dela simplesmente não admite. Sua mente inconsciente acha que aceitar essa realidade será doloroso demais, e levará ao confronto e a mais dor, então age para "protegê-la" negando isso.
- Brendon ouviu de seu médico que está com obesidade mórbida, mas continua a achar que apenas tem "ossos largos" e, por isso, não consegue ver por que ele precisaria mudar seus hábitos alimentares.
- Tiana vive em uma moradia compartilhada com outras quatro pessoas, incluindo alguém que conhecia há anos. Ficou difícil de conviver com essa pessoa e as outras estão solicitando que, como ela a conhece melhor, Tiana peça

para a pessoa se mudar. Sempre que Tiana reflete sobre como o comportamento da colega de quarto está difícil, ela não consegue ver qual é o problema.

Voltando para quando comecei a prestar mais atenção no meu mundo interior, notei que, em situações diferentes, também adotei uma abordagem de negação: eu ficava anestesiado. Depois das minhas experiências traumáticas na infância, meu subconsciente aprendeu a bloquear vastos trechos do meu mundo interno a partir da conscientização atenta para não sentir dor. Na minha adolescência, comecei a tender ao estudo de matérias que não demandassem emocionalmente, como matemática e física, o que significava que eu poderia conseguir continuar a existir em meu mundo bem empobrecido de sensações e sentimentos. Mas apenas até certo ponto. Aos 25, eu nunca tinha tido um relacionamento romântico, e meus relacionamentos com minha família eram formais, na melhor das hipóteses e, às vezes, dolorosos. Lembro-me de que as coisas vieram à minha cabeça durante um feriado de Páscoa, quando eu tinha voltado da universidade e minha mãe me recomendou que eu encontrasse alguma ajuda. Por mais difícil que fosse de ouvir, esse foi um bom conselho! Com as lentes reflexivas da psicoterapia, aprendi a ver como meu inconsciente adotou essa técnica da negação como uma forma de evitar a dor da separação e da perda – primeiro quando meu pai foi expulso depois de descobrirem que ele abusava de mim e, depois, quando meu padrasto morreu e minha mãe ficou gravemente ferida no acidente de carro. Com o tempo, essa resposta solidificou-se em um hábito, a ponto de eu evitar situações nas quais as pessoas poderiam se aproximar emocionalmente de mim, além de me anestesiar de quaisquer sentimentos de conexão emocional que aparecessem.

Aqui está outro exemplo um pouco mais complexo envolvendo alguém que vou chamar de Maurice. Há algum tempo, Maurice apaixonou-se por uma colega e começou a ter fantasias sexuais regulares com ela. Ele disse para si mesmo que elas eram totalmente inapropriadas e se esforçou bastante para bani-las da sua mente. Agora, alguns anos depois, essas fantasias ainda aparecem – mas, quando isso ocorre, Maurice aprendeu a afastá-las e convencer-se de que elas nunca aconteceram. Como essa decepção consigo mesmo se tornou automática, ele então não tinha mais uma forma consciente de controlar seus pensamentos sexuais em relação a essa colega. Sem essa conscientização, há uma probabilidade de que, um dia, ele possa agir por impulso e fazer algo abusivo. Por isso é absolutamente crucial que reconheçamos e aceitemos nossos pensamentos e sentimentos – por melhores, piores ou mais feios que eles sejam – o máximo que pudermos, com gentileza e franqueza. Os pensamentos em si não causam ações. Apenas quando soubermos e aceitarmos totalmente nossos pensamentos e sentimentos, poderemos avaliar a melhor forma de responder a eles apropriadamente.

Distração

Outra peça que a mente inconsciente pode pregar é a distração. Sabemos que sensações fortes podem se sobrepor às mais fracas. A distração trabalha substituindo um sentimento doloroso por um prazeroso tão ou mais forte. Uma amiga minha, certa vez, por exemplo, tinha reuniões regulares de gerenciamento de linha no trabalho com um chefe que ela achava arrogante e com ares de superioridade. Ela morria de medo dessas reuniões e, uma hora antes da reunião, percebia que sempre acabava comendo uma barra inteira de chocolate. O gosto prazeroso (de certo modo) sobrepujava ou encobria os sentimentos de ansiedade e medo. Em outro exemplo, alguém tem dificuldades em seu relacionamento, por isso passa todo o seu tempo livre jogando golfe, em vez de confrontar a situação.

Se você sabe que é um tipo evasivo, pode praticar com esse padrão comportamental aproximando-se conscientemente de algumas das coisas das quais você sente aversão. Comece com algo fácil – como um trabalho doméstico. Se você odeia lavar a louça e sempre encontra maneiras de evitar fazer isso, então tente perceber se essa aversão apresenta um traço físico no corpo – talvez uma sensação de cansaço ou de preguiça quando se aproxima da pia. Tente realmente focar as sensações sem sentir que precisa julgá-las de alguma forma. Do que você não gosta especificamente? Na hora de lavar a louça de fato, mantenha-se em contato com seus sentimentos e observe-os mudar e variar. Pode ser que nunca venha a gostar de lavar a louça, mas você pode aprender a fazer as pazes com esse sentimento de antipatia. Se você trabalhar conscientemente com sua aversão habitual a algo tão simples e inofensivo quanto lavar a louça, então pode tentar passar para pessoas e situações que você normalmente evitaria. Apenas tomar consciência de que você evita algo já é metade do trabalho. Uma vez ciente do sentimento, você pode escolher responder a ele com inteligência.

Aspectos do padrão de evasão podem ajudar às vezes. Pode ser mais saudável simplesmente evitar certas pessoas difíceis no curto prazo se nos sentirmos particularmente vulneráveis ou inexperientes – depois de um rompimento de relacionamento ou no trabalho, por exemplo. Mas, em longo prazo, se isso acaba sendo nosso método padrão para lidar com pessoas problemáticas, então, na melhor das hipóteses, estamos apenas adiando a dificuldade e, na pior, nos negando muito do potencial da vida.

Padrão de Delusão

No Budismo, a delusão é uma das principais causas de sofrimento. Significa um tipo de ignorância, uma visão arraigada equivocada da realidade ou até mesmo confundir a ilusão com a realidade. Como um exemplo desse padrão, podemos imaginar alguém que seja naturalmente gregário e confiante em suas interações sociais. Quando outra pessoa a incomoda ou se ela incomodar alguém, ela apenas passa por cima, indiferente, com uma falta de consciência em geral, cega às consequências de seus atos. Se alguém a confronta sobre seu comportamento, ela apenas ignora a pessoa ou ri disso.

Identificar que estamos operando de um ponto de vista delusório é complicado, porque, antes de percebermos que nosso ponto de vista é assim, ele parece totalmente real. Requer uma investigação profunda e honestidade, além de um esforço para ouvir de verdade as opiniões e os comentários de outras pessoas que reconhecem o que acontece. Pode demorar anos para ver e aceitar que você vem se comportando nesse padrão – ou, como aconteceu no exemplo a seguir, isso pode espatifar em um instante.

Um amigo meu me contou recentemente sobre uma noite com sua esposa, não muito tempo depois de eles começarem a morar juntos, quando ela se tornou uma pessoa problemática para ele temporariamente. Ela tinha acabado de voltar de um fim de semana fora com alguns amigos e eles estavam sentados juntos conversando sobre como tinha sido. Na noite de sábado, ela tinha ido para uma casa noturna e descreveu como em algum momento durante a noite lhe ofereceram algumas drogas e ela aceitou. Ao ouvir essa revelação, meu amigo me disse que ficou furioso e começou a tremer. Passada a emoção inicial, eles conseguiram continuar a conversar sobre isso. Depois de algumas semanas de reflexão, ele percebeu o que tinha acontecido. Ele havia fixado sua esposa em uma "coisa". Tinha criado uma versão idealizada dela – a forma como ele pensou que ela fosse e comportando-se do modo como ele imaginava – e operava com a crença de que aquilo representava o que a esposa era. Então, quando ela descreveu uma ação que não era algo que a fantasia imaginada dela faria, sua ilusão se espatifou – por isso ele ficou tão chateado. Ela não era quem ele pensava – e de fato não era! Sua delusão achava que ele a tinha controlado – tornando-a um objeto em sua mente – quando, na verdade, ela é um processo dinâmico, em constante mudança, interconectado e que não pode ser objetificado. Ele me disse que se sente sortudo de ter reconhecido isso no início de seu relacionamento. Para muitas pessoas, isso acontece depois de alguns anos de convivência. Com o tempo, desenvolvemos a impressão de sabermos de tudo sobre nosso parceiro. Mas como podemos? Nem os cientistas dizem entender tudo sobre os materiais mais simples, então como você pode saber tudo sobre a outra pessoa?

Ao trabalhar na área das delusões, é importante manter no fundo da mente a ideia de que você pode estar errado. O quanto você puder, mantenha a mente aberta e com disposição para testar suas suposições e opiniões em tudo que faz. Mesmo se estiver convencido de que algo que alguém lhe pediu para fazer não vai funcionar, dê à pessoa o benefício da dúvida. Você pode estar errado. Outra abordagem que ajuda é ver a questão no longo prazo. Tente identificar quaisquer padrões recorrentes nos seus relacionamentos. Você pode perceber, por exemplo, que as pessoas sempre começam a evitá-lo depois de um certo tempo que o conhecem, ou sentir que é sempre aquele que termina o relacionamento, ou ver que pequenos conflitos costumam se transformar em grandes brigas. Esses padrões podem indicar certas visões ou crenças ocultas que influenciam seu comportamento.

Assim como tudo em que colocamos nossa atenção alerta, o objetivo não é julgar ou criticar. Nós fazemos nosso melhor ao apenas reconhecermos o que encontramos com tanta honestidade e franqueza quanto pudermos. O que revelamos pode não ser tão fácil ou agradável de se aceitar. Um dos bloqueios comuns para identificar delusões é que pode parecer mais confortável continuar operando nessa delusão do que encarar o fato de que você pode estar deludido.

Vá devagar e saiba que, sejam quais forem as visões ou crenças que você descobrir, elas quase sempre se desenvolveram ao tentar fazer o seu melhor na ocasião.

Capítulo 4

Amolecer com Compaixão

Ao nos depararmos com uma pessoa problemática, nossa atitude pode logo se tornar defensiva. Endurecemos em uma tentativa de nos proteger de algum potencial ferimento – seja no nosso corpo físico, seja no nosso frágil senso próprio. Insistimos na nossa correção moral e atribuímos culpa, achando que a situação é culpa da pessoa; ela é que precisa mudar, ela é que me faz sentir assim. Paramos de ouvir muito facilmente, e deixamos nossas suposições e opiniões preconcebidas tomarem conta.

Tudo isso consolida nossa distinção percebida entre "aquela pessoa difícil" e "eu". Como dissemos antes, nesse ponto estamos firmes no terreno da dualidade, da separação – e, portanto, do sofrimento. Até cogitar a possibilidade de que você possa desempenhar um papel na criação desses sentimentos desagradáveis é desconfortável.

Mas, se pudermos trazer uma consciência sincera e indagar com uma mente aberta sobre o que acontece, nossa postura dura inicial amolecerá até virar algo muito mais amplo e inclusivo. Começaremos a ver como nossas experiências e sofrimentos do passado estabeleceram as fundações para o desenvolvimento dos padrões de hábito e das visões de mundo que contribuem para as nossas reações – exatamente como aconteceu para a nossa pessoa problemática.

Hábitos e crenças são padrões fixos de comportamento e pensamento. Se continuarmos a nos prender a eles depois de estes terem servido ao seu propósito, eles se tornarão restritivos e limitantes. Servirão apenas para nos limitar. Para viver no momento presente com flexibilidade e adaptabilidade, precisamos aprender quando é apropriado desapegar. Existe uma velha parábola Zen que capta isso muito bem.

Um monge veterano e um novato viajavam juntos. Em um ponto, eles chegaram a um rio caudaloso. Enquanto os monges se preparavam para atravessar, uma jovem se aproximou e perguntou se eles poderiam ajudá-la a atravessar também. Sem pestanejar, o monge veterano pegou essa mulher, carregou-a em seus ombros pelo rio e a colocou no chão do outro lado. O monge novato ficou chateado, mas não disse nada. Pouco tempo depois, enquanto continuavam sua viagem, o monge veterano percebeu que o novato estava quieto e perguntou se havia algo errado. O novato disse: "Por sermos monges não podemos tocar em mulheres. Como você pôde carregar aquela mulher nos ombros?" O monge veterano olhou para ele e respondeu: "Irmão, deixei-a há muito tempo na margem do rio, mas parece que você a ainda está carregando!"

O veterano conseguiu responder de forma flexível à situação e ainda permanecer no momento presente enquanto eles continuavam a viagem (se ele fez ou não a coisa certa é uma questão de interpretação). No entanto, o monge mais jovem, limitado por ideias, regras e pelo que deveria ou não ser feito, gastou seu tempo irritando-se, sem acreditar no que o monge mais velho tinha feito – e, como resultado, provavelmente perdeu a oportunidade de ver os lindos jardins perto do rio.

À medida que começarmos a ver e reconhecer como somos ao redor de pessoas problemáticas (e, com isso, desapegar de como queremos ou desejamos que as coisas sejam), é crucial que tenhamos compaixão conosco. A palavra compaixão vem do latim "com" significando "estar na companhia de" e "paixão", que é a antiga palavra para dor ou sofrimento (como na "paixão de Cristo"). Compaixão, portanto, significa *estar com dor, dificuldade e sofrimento.* Desapegar das coisas que não nos servem mais é um ato de compaixão.

No Budismo, a compaixão é considerada um dos dois pilares da prática (o outro é o discernimento ou sabedoria). Não muito tempo depois de eu começar a estudar o Zen, lembro-me de me deparar com o *koan*: "O olho da compaixão olha para quantas direções?" O Zen não é famoso por enfatizar a compaixão, mas isso reflete uma ideia errada sobre o Zen. É verdade, nem sempre se fala da compaixão de forma direta no Zen como em outras escolas do Budismo, mas isso não quer dizer que ela não esteja igualmente lá. O "olho da compaixão" é uma alusão a *Avalokiteshvara*, a personificação do ideal budista de compaixão. *Avalokiteshvara* é uma palavra em sânscrito que significa "ouvinte dos sons/clamores do mundo". A tradução japonesa é *Kannon* (ou *Guanyin* em chinês). No Japão, *Kannon* é retratado muitas vezes em forma feminina com 11 cabeças para ver e ouvir todo o sofrimento do mundo. Mas há mais para a personificação da compaixão do que apenas ouvir: existe uma conotação de um desejo de aliviar esse sofrimento. Por isso, *Kannon* também é retratada com mil braços para poder estender a mão e ajudar os necessitados.

Então, para quantas direções os olhos e ouvidos de *Kannon* estão virados? Para todas as direções, ao que parece. Lembro-me de apresentar essa resposta ao meu professor. Em seguida, ele disse: "Mostre-me". Apontei para toda a sala, incluindo para cima e para baixo. "Bom", ele disse, "mas não totalmente". Sentei-me, refletindo sobre isso por um tempo, tentando pensar que outra direção existia. As profissões de assistência muitas vezes também sofrem com essa cegueira. Muitos despejam compaixão em seus pacientes e clientes e, então, em algum ponto no caminho se veem esgotados. Sentindo-se exaustos e doentes, só pensam nas pessoas que estão deixando desamparadas e quando eles poderão voltar para lá. Então, qual é a outra direção? Finalmente percebi – apontei para mim mesmo e meu professor sorriu. É essencial que nosso olhar de compaixão não mire apenas em todas as direções externas, mas também internas. Como podemos realmente ajudar no mundo se não cuidamos de nós, da nossa saúde e bem-estar?

Ao permitirmos que pessoas problemáticas se tornem nossos professores, elas começam a nos mostrar cada vez mais onde estamos bloqueados, ao que estamos nos segurando e onde estamos evitando a verdade. Se pudermos ver as coisas que elas nos ensinam com uma atitude sem juízo de valor, de autocompaixão e talvez até de humor, então isso nos colocará na melhor posição possível para desapegar e responder com tanta inteligência quanto pudermos em cada situação apresentada.

Na Parte 2, analisaremos com mais detalhes algumas das principais arenas da vida nas quais surgem as pessoas problemáticas, incluindo na vida cotidiana, no local de trabalho e em casa. Em cada arena, exploraremos uma seleção de histórias reais de como as pessoas responderam à sua pessoa problemática e tiraram um ensinamento profundo desse encontro. Essas histórias se originam de uma variedade diversa de pessoas da comunidade Zen da qual faço parte (incluindo a mim mesmo), a maioria no Reino Unido, mas também no exterior. Troquei seus nomes e alterei alguns detalhes para preservar o anonimato daqueles que entrevistei. Ouvir sobre os outros pode nos ajudar a ver o que é possível, e que coisas incríveis de fato podem acontecer quando enfrentamos honestamente o que está acontecendo de verdade. Espero que você possa ver aspectos de si e de sua própria situação em um ou mais desses exemplos.

Parte 2
Arenas Problemáticas

Capítulo 5

Budas Companheiros de Viagem

Encontros com companheiros de viagem problemáticos são, muitas vezes, incidentes únicos com pessoas que você nunca viu antes nem encontrará novamente. Às vezes o Buda problemático não está personificado em um indivíduo, mas em um "tipo" de pessoa ou grupo de pessoas, tais como, digamos, aquelas que começam a entrar no trem antes de deixarem os demais saírem. Talvez o comportamento que você ache problemático aconteça várias vezes seguidas com diferentes autores (como motoristas que trocam de faixa sem dar a seta). Em apenas alguns minutos, nós todos provavelmente chegaríamos a uma longa lista de comportamentos que achamos irritantes em companheiros de viagens!

Ao encontrarmos uma pessoa problemática, nós logo a culpamos pela dificuldade que nos causa. Achamos que ela está fazendo aquilo de propósito – para nos espezinhar ou como um insulto pessoal (e, por isso, levamos para o lado pessoal) – ou que está sendo egoísta e deveria pensar melhor. De qualquer forma, presumimos que ela está, em algum nível, no controle – ou pelo menos cientes do que está fazendo.

O antigo filósofo taoista chinês Zhuangzi (Chuang Tzu) propôs no século IV a.C. uma perspectiva que é particularmente útil quando pensamos sobre companheiros de viagem difíceis. Zhuangzi disse que se um barco vazio colide com você em um rio, então você não vai ficar bravo com o barco. Mas se um barco com uma pessoa estiver em curso de colisão, então você gritará para a pessoa se afastar. Se ela parece não ouvir, você gritará mais alto e começará a xingar, tudo porque há uma pessoa no barco. Se fosse um barco vazio, você não ficaria bravo.[12]

Com essa história, Zhuangzi nos encoraja a tentar ver como as pessoas problemáticas gostam daquele barco vazio. Um barco vazio não colide conosco de propósito; o encontro se deve a uma combinação casual de ocorrências e condições do passado. Da mesma forma, as pessoas não estão necessariamente sendo difíceis de propósito apenas para irritá-lo, então há espaço para reformular as ações da sua pessoa problemática como compulsivas, sem um propósito específico e impulsionadas por forças inconscientes, como um resultado de feridas e experiências do passado não examinadas. Elas estão apenas tentando fazer seu melhor (dadas as suas circunstâncias) - ou, na pior das hipóteses, simplesmente não sabem os efeitos potenciais do seu comportamento. Como suas reações poderiam mudar quando você percebe o comportamento difícil por meio desse tipo de lentes?

Os exemplos seguintes descrevem encontros com uma variedade de companheiros de viagem em algumas situações comuns, e como eles destacaram em cada pessoa certas atitudes ou preconcepções empacadas. O primeiro acontece em uma escada movimentada, os dois seguintes são no trem e o quarto é no carro.

Imaginar todos como vasos frágeis

Não muito tempo atrás, Gloria andava por uma rua de compras lotada em Londres, sentindo-se irritável. Ela percebia todos "comportando-se como babacas, famintos pelas lojas", e percebeu que estava abrindo seu caminho pela multidão às cotoveladas enquanto tentava seguir em frente. Descendo por uma escada estreita na estação do metrô, ela passou correndo por uma mulher, forçando-a a se afastar para o lado. A senhora, ofendida, gritou de volta com ironia: "Eu estou descendo pela escada também, sabia?"

12. Parafraseado de: T. Merton, (tr.), *The Way of Chuang Tzu*, Nova York New Directions, 1965.

Gloria lembra-se de que "naquele momento, por meio daquelas palavras, esse obstáculo no meu caminho se tornou uma pessoa". No entanto, tão rápido como um raio, aquela pessoa se tornou "uma vaca que não ia para lugar nenhum mesmo, então merecia ser empurrada". Gloria fez seu melhor para rir de si enquanto notava esses pensamentos grosseiros, reativos e críticos. Ela deixou a mulher passar na frente dela. Nos momentos seguintes, esses pensamentos deram caminho a uma percepção visceral de que ela mesma estava sendo uma babaca e de que "todos ao redor dela eram pessoas com seus próprios sentimentos e objetivos". Eles não estavam todos pessoalmente tentando ficar em seu caminho. Ela disse: "É tão fácil esquecer isso!"

Depois desse encontro, ela começou a caminhar "imaginando todos como vasos frágeis que poderiam ser quebrados ou danificados com facilidade". Assim que ela fez isso, veio um sentido profundo de gentileza e paciência: "Está tudo bem demorar mais, se respeitarmos todos como pessoas, não apenas como obstáculos no caminho dos outros". Refletindo agora, ela diz: "Você acha que não tem a energia de ser gentil, mas isso não é verdade. Você sempre tem a energia". Praticando ser gentil enquanto estava na calçada, Gloria encontrou um novo senso de respeito pelos outros pedestres e um senso profundo de humanidade compartilhada. Ela acrescentou: "Isso foi outro lembrete para mim de que estamos todos neste mundo juntos".

Minha própria experiência ouvindo barulhos em um trem

Cada vez mais, aqueles que tentam cultivar as habilidades em atenção plena usam os períodos de trajeto para meditar, principalmente no caminho para o trabalho. Muitas vezes avistei candidatos prováveis no trem ou no ônibus: com fones de ouvido, sentados eretos com uma intenção clara, de olhos fechados por alguns minutos. Quando tentamos meditar em circunstâncias não tão ideais como essas, os sons logo podem se tornar problemáticos.

Eu me lembro de me sentar em um trem, certa vez, fazendo alguma meditação (sem fones), concentrado na minha respiração, quando alguém, sentado alguns bancos na frente, começou a jogar um jogo em seu telefone – com o volume alto. Notei que ficava cada vez mais irritado com os mesmos bips e efeitos sonoros repetidos muitas vezes. Pensei: "Ele não sabe que o volume está ligado? Será que ele não consegue perceber como isso é irritante para todos?" Depois de reconhecer esses pensamentos reativos iniciais, notei que o problema não era o som em si; era minha resistência a ele. Meu desconforto não vinha do bip, mas da diferença entre a realidade e de como eu queria que ela fosse (silenciosa). Ao reconhecer minha frustração e irritação, e deixar esses sentimentos estarem lá, eles começaram a perder sua intensidade.

Antes desse incidente, eu tinha lido um artigo ou dois e assistido a algumas palestras sobre como lidar com distrações na meditação. Lembrando-me dessas recomendações, tentei meu melhor para afastar os pensamentos sobre de quem era a culpa e por quanto tempo o barulho continuaria. Comecei a abrir minha atenção aos sons – na realidade, à toda paisagem sonora ao meu redor no trem. Assim, encontrei uma aceitação gentil de todos os sons: os efeitos sonoros do telefone da pessoa, os estalidos das rodas do trem, o bater ocasional da porta do banheiro, o rangido sutil das anteparas e o som das pessoas conversando atrás de mim. Fiquei cativado pela enorme variedade de sons e barulhos vindo de todas as direções.

Os sons não eram mais algo separado de mim que interferiam na minha prática e me deixavam irritado, tinham se tornado uma parte da minha prática. Mais do que isso, eu tinha me tornado parte do momento. Percebido isso, agradeci mentalmente à pessoa sentada alguns bancos na minha frente, ainda, é óbvio, jogando no telefone.

Tornar-se uno com seu trajeto e fluir

Patrícia costumava percorrer um longo trajeto para trabalhar no centro de Londres, e demorava pelo menos 1h30 no trem e no metrô. Ela achava o trecho no metrô mais difícil, pois os vagões naquela hora sempre estavam lotados. Ela às vezes tinha de esperar por cinco ou seis trens antes de haver espaço para entrar, e as pessoas a empurravam e apertavam. Patrícia se lembra de que algumas pessoas contra quem ela acabava sendo espremida "eram bem estranhas".

"O ar muitas vezes era quente e 'sujo', lembra ela, "e às vezes havia muitas pessoas de pé na plataforma e nos trens, tornando a viagem bem exigente fisicamente. O trem às vezes ficava retido em um sinal vermelho por muito tempo e, com frequência, a experiência não era muito agradável".

Para Patrícia, essa se tornou uma hora ideal para colocar em prática sua meditação Zen. Ela diz: "Eu tentava estar presente em cada situação, e *nari kiru* com cada momento" (*nari kiru* é uma frase japonesa usada por nosso professor Zen, que significa "tornar-se uno com"). Com o tempo, falou Patrícia, "eu comecei a sentir todo o meu trajeto como um fluxo – esperar, subir e descer dos trens, ser empurrada, ser uma em meio a uma multidão enorme". Ela percebeu que tinha parado de criar expectativas sobre qualquer coisa. Nesses momentos, sentia como se tivesse se tornado "transparente e vazia". Embora a experiência não fosse agradável, ela reconheceu que, como resultado, tinha parado de sofrer. Ela se lembra de como esse trajeto lhe ensinou muito sobre como aplicar sua prática Zen no cotidiano.

Agradecimento aos maus motoristas por apontar sua própria compreensão

Bill sempre tentou ser um motorista cortês, mas, nos últimos anos, tem notado que uma situação específica na estrada realmente o tem irritado: quando a pista externa é interditada ou acaba em uma estrada com várias vias quando o tráfego está pesado. "Principalmente são aqueles motoristas que estão desesperados para me ultrapassar antes da interdição da pista que de fato me irritam" – aqueles que ficam na pista interditada, "tentando pegar apenas mais um carro na frente e, então, têm que brecar de repente e cortar no último segundo". Certamente, ele pensou, isso era direção perigosa e impedia seu próprio progresso.

Por muito tempo, ele achou esse comportamento "injusto". Bill lembra que via como algo "heroico quando um veículo maior saía da sua pista para ocupar as duas pistas externas, em uma tentativa de impedir esses idiotas de ultrapassar e furar a fila". Ele percebeu:

"na verdade, eu não queria esses motoristas na minha frente, ou me vencendo" na fila.

Então, Bill assistiu a um documentário sobre o tráfego em estradas movimentadas. Citava uma pesquisa que demonstrava que os veículos que ocupam duas pistas causam mais problemas. Dizia que o ideal na estrada, no caso de um tráfego pesado, é usar as duas vias por tanto tempo quanto fosse possível. Bill ficou fascinado com o fato de que essa nova informação mudou totalmente sua opinião. Ele começou a ver "aquelas pessoas que ocupam ou bloqueiam vias como idiotas", pensando: "eles não sabem o que estão fazendo?!"

Cognitivamente, ele sabia que o melhor e mais seguro a se fazer era deixar essas pessoas que querem avançar apenas passarem. "Desde que elas não estejam fazendo nada inseguro, o que elas fizerem não faz diferença para mim, e não preciso me preocupar por que elas fazem isso". No entanto, embora soubesse que isso era tecnicamente melhor para o trânsito, ele ainda observava um impulso semiconsciente e imediato de não as deixar passar. "Eu notei um forte desejo de acelerar e preencher o vazio para que não houvesse espaço para elas encostarem" - basicamente, puni-las por seu comportamento. Ele questionou-se: "Por que alguma parte de mim quer fazer isso quando não é, na realidade, algo que quero conscientemente fazer?"

Ele viu isso surgindo das "sementes cármicas de pensar tantas vezes, criando uma reação habitual e instantânea". Bill conjecturou: "O impulso vem na hora, e só depois vem o pensamento cognitivo de querer fazer o oposto". "Agora acho graça da facilidade e rapidez com que me derrotei nessa questão!", acrescentou.

Depois de passar um tempo observando e investigando esses pensamentos e reações habituais, Bill ficou grato por essas situações. "Se não fosse por essas pessoas me cortando, como eu teria visto essa minha natureza ávida? Tomando minha posição na fila e não querendo ser atrasado por essas pessoas".

Refletindo agora, Bill diz: "Quando estou nessa situação na estrada, meu impulso habitual ainda está lá, mas é um pouco mais suave. Quando aparece, posso vê-lo com mais rapidez, e posso estourá-lo como uma bolha". Ele escolhe deixar o carro passar (ou entrar na frente dele) e então: "Eu agradeço a eles em voz alta por me mostrar meus apegos". Embora admita: "Noto como me sinto bem por agir assim, e o toque de autossatisfação que vem com isso – tento aceitar e não me martirizar com isso de novo!"

Ele acha incrível o quanto sua percepção e atitudes na estrada mudaram por meio de sua observação cuidadosa e investigação, e ele sorri regularmente dessas novas descobertas e compreensões em situações semelhantes.

Capítulo 6

Budas do Local de Trabalho

Muitos passam grande parte da vida desperta no trabalho. Em um escritório, em uma fazenda, em uma fábrica ou na internet, devemos desenvolver relacionamentos "profissionais" com pessoas com quem não escolheríamos passar tanto tempo. Se acrescentarmos a isso as várias tensões financeiras, desigualdades e dinâmicas de poder que acontecem acima, abaixo e através das linhas do tempo de serviço, o local de trabalho pode logo se tornar um covil de cobras com pessoas problemáticas.

Tradicionalmente, o Budismo divide a existência em seis diferentes reinos. Dois deles nós conhecemos: os reinos humano e animal. Então há o reino divino (habitado por seres que sentem apenas prazer e felicidade), o reino dos espíritos famintos (povoado por seres que estão presos em estados de desejo, vício e carência); o reino *asura* (composto de seres movidos por raiva, inveja e conflito; um *asura* é um tipo de semideus furioso da cosmologia budista); e o reino do inferno (consistindo em várias formas de sofrimento intenso).

No Zen, esses reinos são vistos como representações de diferentes estados da existência que podemos encontrar dentro de nós durante nossa vida. E no que concerne ao nosso assunto, muitos locais de trabalho podem ser vistos como reinos *asura* – cheios de pessoas movidas por raiva, inveja e ambição, onde o conflito, a violência emocional, a competição e a traição têm um lugar central no palco, chefes sociopatas cantam de galo e pessoas fazem coisas indesculpáveis apenas para progredir. Essa mentalidade da batalha pela sobrevivência coloca o corpo em um permanente estado de emergência e, com o aumento do estresse e da ansiedade, fica cada vez mais difícil ser perspicaz e ter empatia pelos outros. Infelizmente, esse estado raivoso, competitivo, cheio de ansiedade se tornou a norma em grandes faixas da sociedade e seus locais de trabalho.

É claro que nem todo local de trabalho é assim, ou é desse modo o tempo todo – como veremos nos exemplos a segiur. Mas até mesmo nos locais de trabalho mais amigáveis haverá momentos nos quais a mentalidade *asura* aparece. Então, que melhor lugar para aplicar conscientização, compaixão e honestidade, e descobrir o que podemos aprender com nossos colegas e clientes problemáticos, e o efeito que eles têm sobre nós? A seguir, encontraremos exemplos de pessoas difíceis em uma variedade de locais de trabalho, do reino *asura* típico como descrito a ambientes mais solidários e carinhosos.

Percepção e realidade não são a mesma coisa

Pierre teve uma colega com quem ele implicou por muitos anos, pois a percebia como "preguiçosa e com um trabalho ruim". Sempre que ela pedia para Pierre fazer alguma coisa, ele dizia que "via o pedido dela como mais um sinal de sua preguiça". Ele se lembra de que: "achei difícil não reagir de forma negativa e terminar me sentindo frustrado, incomodado, com raiva e tenso". "Todos os tipos de enredos sobre a apatia e a falta de trabalho duro da minha colega zuniam na minha cabeça". Ele se lembra de que seu hábito de ruminar sobre essas coisas apenas aumentava o estresse que sentia.

Durante esse tempo, Pierre começou a aprender atenção plena e praticar meditação e, com isso, começou a conhecer sua mente. "Com o tempo, comecei a ver com cada vez mais clareza como meu estado mental agitado por causa da minha percepção do comportamento da minha colega e a situação real eram duas coisas completamente diferentes.". Ele se lembra: "Todas as ideias sobre como minha colega era preguiçosa continuaram a circular na minha mente, mas aos poucos aprendi a fazer as pazes com elas – sabendo que elas eram apenas pensamentos". Ele começou a reconhecer seus preconceitos, visões e opiniões fixas como tipos de ilusões, e cultivou um senso de autocompaixão por tê-los. Pierre agora pode observar seu desejo de querer que as coisas saiam "do seu jeito", reconhecer esse desejo e apenas continuar com a tarefa à mão. Ele diz: "Eu tento agora lidar com cada situação e interação apresentadas de forma moderada, fazendo meu melhor para não trazer minhas suposições e preconceitos comigo". Ele acha ser mais capaz de desapegar dos pensamentos sobre uma situação depois de lidar com ela.

Recentemente, Pierre notou um surgimento de gratidão à sua colega. Ele admite que suas interações com ela lançaram luz sobre suas próprias ilusões, seus padrões e hábitos mentais condicionados, aos quais ele tentava se ater e onde ele estava preso, e seu senso de separação dela e do mundo. Na verdade, ele diz: "Ela continua a ser uma grande professora para mim". Ele descobriu que "cada novo encontro é um lembrete de onde ainda estou preso e onde ainda posso crescer e me desenvolver".

O exemplo de Pierre condensa uma ideia importante - talvez a mais importante de todas em se tratando de aprender a lidar com colegas de trabalho difíceis e pessoas problemáticas em geral: que percepção e realidade são duas coisas diferentes. Compreendendo isso, Pierre parou de se identificar com seus pensamentos e passou a vê-los como tipos de delusões, o que, por sua vez, o ajudou a desapegar e estar mais presente em suas interações com sua colega e a vê-la sob uma luz diferente. Mas apenas vermos a diferença uma vez, ou compreendê-la intelectualmente, não quer dizer que nunca mais seremos apanhados por percepções e ideias. Notar quando ficamos presos aos nossos preconceitos é uma prática. Por isso, recorrer a certas sensações corporais (como desconforto ou calor) pode ser de vital importância, visto que muitas vezes elas são indicadores sensíveis de que algo acontece. Veremos isso claramente no seguinte exemplo.

A resistência em estar totalmente presente o tempo todo

Nadia trabalha em um asilo como cuidadora de adultos com dificuldades de aprendizado. Essas pessoas se tornaram seus Budas problemáticos. Ela descreve estar ao redor delas: "Tudo é exagerado, incluindo as emoções, ações físicas e exigências. Nem todos têm filtros sociais funcionais e muitos fazem a mesma pergunta repetidas vezes, todos os dias". Por muito tempo, Nadia questionou qual seria a resposta certa a essas perguntas repetidas. Quando ela era nova, tentava respondê-las o tempo todo, mas logo ficava cansada e entediada de repetir a mesma resposta.

Nadia tem uma prática de meditação estabelecida e estava acostumada a verificar suas sensações corporais com regularidade. Segundo ela, responder à mesma questão repetidas vezes "causava um afloramento de tédio e exaustão, que eu sentia como um desconforto no meu corpo". Ela percebeu que seu inconsciente desejava evitar o desconforto, levando-a dar cada vez menos atenção a essa interação. Ela se lembra de se ver "silenciando o que eles diziam e tentando evitar o contato ocular, em uma tentativa de desencorajá-los a perguntar de novo". No entanto, ela disse: "Eu sabia no meu coração que essa era a abordagem errada". Nadia percebeu que sua falta de atenção muitas vezes fazia o questionador ficar agitado e perguntar com ainda mais determinação. As sensações físicas geradas pela frustração e pela fadiga tornam-se um indicador sensível.

Embora, intelectualmente, Nadia soubesse há muito tempo como é importante estar totalmente atenta e presente ao responder, cada interação com um de seus residentes se tornou um lembrete físico e visceral disso. "Quanto mais eu sintonizava com meu corpo, mais percebia quando eu tentava sutilmente evitá-los ou afastá-los. As questões repetidas tornaram-se oportunidades para fazer uma sintonia fina em minha habilidade de estar presente." Ela prestava atenção aos primeiros sinais de alerta de desconforto em si e no questionador, sinalizando que ela estava recaindo em seu hábito de desligar. "Na mesma hora", ela disse, "eu consegui ver como minha presença completa e atenção melhoraram o relacionamento, e houve menos questões e repetição".

"Posso ver como uma pequena mudança na minha atitude recompensou umas cem vezes", ela disse. "Por exemplo, um homem que sempre foi difícil começou a frequentar as sessões de meditação da bondade amorosa que eu fazia no asilo. No princípio, ele estava negativo, mas, com o tempo, realmente aceitou, e agora me para e sorri, me dizendo com alegria que fez a meditação". Outra mulher, que antes ela silenciava muitas vezes, recentemente lhe disse que ela era a "melhor pessoa".

Com essa situação, Nadia aprendeu como é importante não ter nenhuma expectativa, permanecer totalmente receptiva e perseverar em cada relacionamento. "Deixando de lado os juízos de valor e o desejo de me distanciar, que antes era tão habitual, descobri que posso amá-los e apoiá-los para todos eles encontrarem suas próprias formas de expressão." Como resultado, ela se espanta muitas vezes com a inteligência e a beleza deles – "mesmo que ela resplandeça por apenas uma fração de segundo".

O relato de Nadia é um exemplo fascinante de uma situação na qual queremos ter bons relacionamentos com pessoas que achamos problemáticas. Ela descobriu que seu corpo lhe dava um sinal claro quando tentava evitar ou afastar de si as pessoas problemáticas – ela sentia desconforto físico e fadiga. E percebeu que seu desejo inconsciente de evitar esse desconforto tinha um grande efeito na qualidade de seus relacionamentos. Como discutimos, essa sensibilidade e a conscientização centrada no corpo são aspectos cruciais no aprendizado de como lidar com pessoas difíceis com mais sabedoria. No entanto, como demonstra o exemplo de Nadia, para notar esses sentimentos sutis, precisamos ter uma rotina sólida de prática diária. e trazer uma forte intenção em ficar presentes e conscientes quando as coisas nos colocam para baixo.

Os próximos três exemplos ilustram uma abordagem um pouco diferente, mais introspectiva ou autorreflexiva para lidar com pessoas problemáticas. Eles mostram o que pode acontecer quando começamos a olhar fundo para nós mesmos (ou, como é conhecido no Budismo, "oferecer a lamparina"). O primeiro é um exemplo de duas pessoas que se tornaram problemáticas uma para a outra, e a bagunça de emoções que surgem ao redor da situação. O segundo ilustra o que acontece quando identificamos um ponto cego na nossa consciência, e, com intenção e prática, possibilita que a luz da nossa lamparina da conscientização se expanda gradativamente. O terceiro é um relato de alguém que, depois de notar como ficava sobrecarregada pela pressão do emprego, percebeu a importância de relaxar, centrar-se e reavaliar suas atitudes em relação ao trabalho.

Reconhecendo que seu colega não é um monstro

Ed trabalha em um escritório de Direito na cidade grande e por alguns anos serviu como chefe de seu departamento. Quando Ed abandonou o cargo, um colega foi promovido à sua antiga posição de chefe do departamento. Embora Ed não conhecesse esse colega muito bem, ele disse: "Eu já tinha desenvolvido algumas opiniões insensatas sobre ele como teimoso, estridente e reclamão". Pensando bem agora, Ed pôde ver que as sementes de seu relacionamento problemático em desenvolvimento já tinham sido plantadas nesse ponto. Ed julgava seu colega. "Eu não arrumava tempo para prestar atenção nele quando gerenciava a equipe. Então, quando foi a vez dele de administrar o departamento, acho que meu colega me via como uma ameaça e tentava ativamente me isolar do restante do grupo". Como resultado, Ed se sentiu intimidado e com raiva. As coisas ficaram tão ruins que ele cogitou deixar o escritório, mas a condição da economia na época o fez pensar duas vezes. "Então, de cima da minha raiva", ele disse, "eu me senti preso".

Foi por volta dessa época que Ed começou a praticar Zen e começou a direcionar sua atenção para si e a cultivar uma sensibilidade mais profunda para seu estado emocional. Em sua prática, ele começou a ver e a reconhecer o "novelo de suas emoções", como ele coloca. "Eu fiquei ciente da sensação de afronta de me ver nessa situação e, então, me arrependi de não ter deixado a empresa quando podia – fui duro comigo mesmo na ocasião". Aos poucos, ele começou a ver que tanto ele como seu colega interagiam um com o outro de dentro de seus respectivos nós emocionais. "Nós nos provocávamos e despertávamos o pior em cada um de nós", ele disse. "Eu provavelmente era visto por meu colega, como uma pessoa da mesma forma, problemática!"

Como Ed se dispôs a ver e aceitar tudo o que aparecia, os nós da emoção começaram a se desfazer. "Parecia como a lama se depositando em um jarro de água" – ele arrumou e acalmou suas emoções devagar. Em um período de meses, Ed começou a desafiar algumas de suas "opiniões e indignações morais" e tentou ver as coisas com perspectivas diferentes. "Com a prática contínua e a reflexão", ele disse, "percebi que eu e meu colega estávamos essencialmente nessa juntos – ele não é um monstro; ele também tem uma família e uma esposa que o ama e estava tentando fazer o seu melhor naquela ocasião".

À medida que o novelo foi se desenrolando e Ed passou a aceitar mais o que acontecia, ele lembra que as interações com seu colega ficaram mais fáceis e com menos confrontos. Ele reconheceu seu próprio papel no relacionamento e se abriu a uma compreensão do processo com muito mais nuances. "Eu precisava transferir minha raiva e frustração, e criar um espaço para explorar essas emoções." Esse foi um processo bem doloroso. Ele me disse: "Eu comecei a reconhecer para mim mesmo minhas próprias falhas históricas de conscientização e inexorabilidade, e tomar a responsabilidade pela minha parte no relacionamento problemático".

Os dois nunca se tornaram bons amigos, mas com esse processo Ed aprendeu a importância do perdão – para si e seu colega. "O perdão", afirma, "não tem nada a ver com desculpar o comportamento da pessoa ou até se reconciliar com ela. Mas se trata de integrar todo esse sentimento ruim e dificuldade, e aceitar a si mesmo e ao outro pelo que realmente são". Ed descobriu que isso significa que eles "estão nessa vida juntos, profundamente conectados e entrelaçados – com todos no mundo!"

No fim, toda essa experiência ajudou Ed a "ter um profundo senso de conexão com tudo e todos ao seu redor, até com aquelas pessoas nas nossas vidas que achamos mais difíceis".

O problema não está onde você pensa

Por ser uma prestadora de serviços autônoma, Julia trabalhou em muitas empresas diferentes ao longo dos anos e sempre viu o trabalho como um ambiente desafiador. "Tenho um longo histórico de trabalho com valentões", afirmou. Como resultado, houve períodos no passado nos quais ela se sentiu totalmente bloqueada e presa pelo nível de estresse pelo qual passava. "Eu acabei me afastando e precisei tomar antidepressivos", conta. "Muitas vezes tinha dificuldades para dormir, e percebia minha mente cognitiva com confusão mental além de ter dificuldades para manter o foco".

Depois de começar a praticar o Zen, e levar conscientização e atenção à sua mente, Julia passou a notar certos padrões: "Ocorreu-me que um pouco do que eu sentia deveria ter a ver com minhas próprias atitudes e crenças". Julia reconheceu que ela costumava se perceber como insignificante, então muitas vezes acabava ficando quieta em uma reunião ou permanecendo em segundo plano em um projeto – mas "quando eu era ignorada pelos outros ou não me contavam as coisas, eu me sentia frustrada". Ela sentia que a ambição e o ímpeto contrastante de alguns de seus colegas significavam que muitas vezes eles tomavam decisões por ela, e isso a frustrava ainda mais.

Com sua prática de "oferecer a lamparina para si" (olhar para dentro de si), ela disse: "Eu encontrei um tipo de ponto cego" - algo do qual estava ciente, mas não conseguia ver. Julia descreve isso "como procurar por algo que você perdeu, mas só consegue examinar diretamente sob a lamparina"; o problema não estava onde ela achava. Então, ela começou por onde conseguiu – reconhecendo que se sentia como uma vítima. "Quando acontecia uma interação negativa, como quando alguém invade meu território, reconheci que eu só conseguia ver meu próprio sofrimento." Ela entendeu que ter uma mentalidade vitimista significava que sempre veria o problema como do outro, esperando que todos os outros mudassem seu comportamento. Olhando para o passado, ela vê agora que muitas vezes também foi uma pessoa problemática para seus colegas.

Aos poucos, Julia começou a reconhecer que os problemas surgiam quando ela estava focada em si e em suas próprias questões - pensando "pobre de mim" e esquecendo totalmente das necessidades da outra pessoa. "Eu sabia que precisava começar a transferir minha atenção de mim para a situação mais ampla." Com essa esfera de atenção mais aberta, "eu comecei a apreciar que meus colegas têm vidas separadas, desejos e objetivos, e algumas das minhas interações mais problemáticas podem não ter nada a ver comigo pessoalmente".

Foi por volta dessa época que as coisas de fato mudaram em sua prática Zen: "Vi minha verdadeira natureza – que não sou separada do universo". Ela achou que essa nova perspectiva ajudava muito.

"Hoje em dia, quando estou bem estressada, posso facilmente voltar para meus velhos padrões de me sentir inútil e uma vítima – quando, por exemplo, estou em uma reunião e deixo de fazer uma pergunta porque acho que ninguém estaria interessado". Mas a diferença é que agora Julia pode reconhecer mais rapidamente como um sinal as sensações desagradáveis que surgem com essas mentalidades. Ela também consegue ver seus efeitos negativos sobre seus processos de criatividade e pensamento. "Embora eu ainda ache difícil influenciar a trajetória do padrão quando estou nele, estou muito mais atenta aos meus próprios sentimentos e pensamentos. Quando reconheço logo de cara, posso redirecionar com consciência minha atenção dos miseráveis sentimentos interiores de autopiedade para o ambiente mais amplo, e para o que as outras pessoas ao meu redor poderiam querer, precisar ou sentir". Isso lhe dá um senso de atividade e um sentido maior de liberdade. "Outras pessoas podem se comportar de forma irresponsável ou antiética, mas tenho mais clareza e liberdade para ver o que exatamente está acontecendo e lidar com isso." O local de trabalho, ela diz, continua a ser um terreno de prática maravilhoso, pois a força a analisar seus padrões por repetidas vezes. Embora ainda possa reconhecer sofrimento surgindo dentro de si, ela está comprometida a ficar em seu emprego. "Ainda tenho muito a aprender."

Sobrecarregada por e-mails exigentes

Zarina é uma professora de música em uma renomada universidade municipal, e dá aulas para pessoas com uma grande variedade de idades e históricos. Ela sempre precisou enviar e-mails difíceis e delicados referentes a coisas como desempenho e incidentes de cópia ou plágio em potencial. Mas, desde que o departamento abriu seus cursos para alunos universitários, ela viu aumentar o número de e-mails difíceis e exigentes enviados pelos alunos. "Agora tenho alunos entrando em contato comigo para pedir conselhos e revelando todos os tipos de questões pessoais, incluindo problemas de saúde mental."

Depois de um incidente em seu departamento há alguns anos, quando um aluno bem estressado e vulnerável tentou o suicídio, ela começou a sentir uma grande pressão da universidade para dar uma atenção extra a como ela redigia seus e-mails, com uma insistência para que sempre se mantivesse positiva e encorajadora. Mas, com os alunos divulgando informações pessoais e pedindo-lhe coisas complicadas, ela se sentiu como se estivesse "sentada perto de uma bomba que poderia explodir a qualquer momento".

Zarina conta que ela apreciava "que cada aluno vinha de um lugar diferente, com questões diversas, e eu queria demonstrar apoio no que eu escrevia a eles, mas não sou uma conselheira – não é esse o meu trabalho". Ela sabia que tinha de evitar de se envolver demais. "Eu não poderia fazer mais do que enviar e-mails, mas atingir o equilíbrio correto era difícil. Eu fiquei cada vez mais ciente de que é fácil entender errado palavras escritas, especialmente em tópicos sensíveis."

Com o tempo, Zarina começou a se sentir cada vez mais cansada, e encontrou menos tempo para cuidar de seu bem-estar. "Eu notei sentimentos crescentes de irritação e raiva com a situação, e comecei a pensar em largar meu emprego." No entanto, por causa de uma situação semelhante pela qual ela passou no passado, Zarina conseguiu reconhecer esses sintomas como um aviso inicial de esgotamento. "Dez anos antes, eu fui colocada em uma posição no trabalho para a qual sentia que não podia dizer não e acabei estressada. Naquela época, embora minha mente tivesse aceitado, meu corpo deu um sonoro não. Ele reagiu com força, e eu perdi de fato metade do meu cabelo e tive de comprar uma peruca." Ela percebeu que seus sentimentos de querer desistir vinham de querer escapar ou evitar o que acontecia. "Foi um alerta. Eu sabia que tinha de tomar cuidado".

Na década seguinte, Zarina estabeleceu uma forte prática de meditação e ioga. Ela achou que sua rotina matinal regular a ajudava a sintonizar, sentir-se mais centrada e liberar sua raiva. "Em vez de pensar, eu passava o tempo sentindo, me voltando para minha própria verdade, para o meu centro." Sobre sua prática de ioga em particular, ela falou: "Me ajudava a relaxar, possibilitava que meus músculos e minha postura voltassem à neutralidade – parecia uma massagem".

Ela começou a ver como o ataque de e-mails difíceis, com indagações e questões que precisavam de uma resposta cuidadosa e sensível, consumia sua energia. "Precisava de uma verdadeira resistência." Com sua prática, ela conseguiu observar mais de perto como se sentia e perceber como se via negativamente. "Eu me sentia fraca, mas ao mesmo tempo achava que minha prática faria eu me sentir forte e resistente." Ela também notou um sentimento de querer uma resposta ou um reconhecimento de que fez um verdadeiro esforço, e a sensação de desapontamento quando ela não conseguia. Zarina via como isso consumiria ainda mais sua energia.

"Essa atenção, indagação e cuidado de um momento a outro me deixaram atenta à entrada e saída constantes de energia, na sensação dos níveis de energia dentro de mim e no fluxo de energia entre mim e meus alunos." Ela ficou extremamente atenta aos seus desejos de ser carinhosa e solidária com seus alunos, e como era difícil transmitir esse mesmo nível de cuidado e compaixão para si. Esse processo a fez refletir profundamente em seu estilo de vida e no que ela queria da vida. "Fico grata que isso tenha criado uma grande nuvem de questionamento e assombro!"

À medida que examinamos nossas próprias atitudes, hábitos e pensamentos, e constatamos que nossas percepções internas e a realidade externa são diferentes, isso pode levar a um questionamento profundo das nossas opiniões. No exemplo seguinte fica claro como fazer isso pode mudar dramaticamente a base de um relacionamento e apresentar lições que podem ter um valor profundo em outras situações difíceis.

Mantenha seus amigos perto e seus inimigos mais perto

James trabalha em uma pequena empresa. No último ano, ele notou quantas vezes foi ríspido com sua gerente. Em sua opinião: "Ela tem o dom de entrar em meu escritório em um momento em que estou me sentindo particularmente estressado (depois de desligar uma ligação ou terminar uma reunião), e perguntar algo que não precisa de uma resposta urgente e poderia facilmente ser colocada em um e-mail". Quando ele está nesse estado mais vulnerável e confuso, a pergunta dela pode instigar um lampejo de raiva. "Eu a atacava por impulso, dizendo algo bem infantil e sem pensar." Então, depois de liberar a emoção, ele tentava voltar atrás e fazer uma tentativa de ser mais amigável.

Ele notou que "muitos outros no meu escritório também a acham difícil, o que me dá um senso de aceitação de minhas reações impulsivas". James reconhece que essa noção dá um nível extra de energia às suas respostas explosivas. Ele sente uma atração em se envolver no gracejo negativo sobre a gerente, mas também um puxão oposto por saber que realmente não deveria contribuir com isso, e a tensão apenas aumenta ainda mais o estresse de toda a situação.

Em sua vida, James sempre lutou para se expressar adequadamente e tem o hábito de refrear as emoções. "Trabalhei muito na psicoterapia, e por meio da minha prática Zen tenho tentado reconhecer totalmente meus sentimentos e me esforçar para expressá-los." Nesse ponto, ele se via como relativamente inexperiente em lidar com fortes emoções e regular suas respostas – em especial quando sobrecarregado pelo estresse. Nesses acessos explosivos, ele reconhecia a voz de sua criança interna ferida "articulando meio sem jeito suas chateações".

Fora do trabalho, James se via muitas vezes ruminando pensamentos sobre ela – "como era mandona, não era muito legal, isso ou aquilo". Ele acrescentou: "Era tão fácil ficar preso no pensamento de que 'ela é má' – e uma vez que essa opinião foi formada, adicionaria um tipo de legitimidade ou energia à dura distinção de que 'ela é má'".

Ele descobriu que tirar uma folga durante o dia para se sentar em um banco no parque e praticar a entrada em uma mentalidade mais expansiva ajudava muito. "Eu descobri uma vontade crescente de estar com o sofrimento por qual eu passava naquele instante, e não apenas sair do trabalho e empacotar essa sensação, como fiz no passado." Ele começou tentando pensar na gerente com compaixão, como uma pessoa que faz seu melhor, que faz aquilo que pode, de acordo com o que sabe. Com o tempo, nesses momentos mais expansivos, ele conseguiu se conectar com a perspectiva de natureza búdica – de que nós todos somos processos dinâmicos, interligados, desenrolando-se neste único universo.

James começou a fazer questão de construir interações com a gerente que não se baseassem "nela aparecendo na minha frente quando eu não estava preparado". Ele disse: "Fiquei tocado com a frase 'mantenha seus amigos perto e seus inimigos mais perto' – há tanta sabedoria nisso!" Aos poucos, tentou iniciar um contato mais amigável que não fosse apenas sobre logística e administração do escritório, incluindo outros aspectos de suas vidas, como família e férias.

Ele disse: "Hoje em dia, ainda estou longe da tranquilidade". Mas aprendeu a "não me sujeitar nem me preocupar com suas perguntas quando estiver me sentindo estressado". Em vez disso, James recomenda que a gerente coloque as questões simples e sem urgência em um e-mail para lidar com elas mais tarde. "Mas às vezes eu piso na bola e a ataco. Ainda é difícil encontrar essa compaixão expansiva e gentileza no momento da raiva."

No exemplo anterior, James notou "a voz de sua criança interior ferida" falando alto quando ele se irrita. Com vários de nós, há muitas vezes uma sensação de vergonha ou embaraço quando achamos que passamos a impressão de sermos infantis, e é fácil querer fingir que essas partes de nós não existem. Mas, como discutimos, pode ser igualmente difícil quando vemos os nossos aspectos dos quais não gostamos refletidos no outro, como ilustra o próximo relato.

Quando sua colega lembra a sua mãe

Rose costumava trabalhar em uma equipe de vendas, e a colega que se sentava à sua frente se tornou uma pessoa problemática para ela. Essa mulher tinha "tendências narcisistas extremas e sempre depreciava todos", diminuindo-a e desmerecendo tudo o que ela fazia. No entanto, essa mulher era de fato boa em seu trabalho, e Rose suspeitava, que era por isso que sua atitude negativa nunca era abordada pelo gerente. "Além do mais", Rose admitiu, "eu costumo ser alguém que gosta de agradar as pessoas, então naqueles dias eu achava dificílimo confrontar minha colega sobre seu comportamento". Para começar, Rose tentou seu melhor para vê-la como apenas outro ser humano com suas próprias falácias e peculiaridades, mas "isso não deu certo". Ela disse: "Eu continuava a me sentir brava e frustrada com a situação". Esse foi um período difícil na sua vida.

Rose começou a se consultar com uma psicoterapeuta, e uma de suas sugestões era que ela pedisse para trocar de mesa. O pedido foi concedido e, embora ela tenha ido para apenas algumas mesas adiante, "a distância me deu algum espaço para começar a investigar de forma mais profunda o que acontecia". Assim: "Com o tempo, percebi que as coisas que me irritavam mais na minha colega eram exatamente aquelas tendências dentro de mim que eu mais detestava – a depreciação, as atitudes de sabichona e de me sentir mais merecedora do que os outros". Analisando melhor, viu que essas eram, por sua vez, características da sua mãe que Rose achava difíceis enquanto crescia. Achava improvável que tivessem se tornado parte dela e agora eram refletidas por sua colega. No entanto, só por ver e aceitar isso, a postura de Rose amoleceu. Ela começou a considerar o comportamento de sua colega como algo que se originava de sua própria criança interior – Rose percebeu que "ela agia como uma menina de sete anos machucada". Disse: "Ficou claro para mim que ninguém age assim sem ter passado por um grande sofrimento na vida". Isso provocou um afloramento de compaixão.

Com o tempo, Rose conseguiu abordar sua colega problemática, e pôde se abrir sobre sua própria vida e sobre sua mãe. A colega, por sua vez, também se abriu sobre sua vida. Esse ato de aproximação "mudou nosso relacionamento dramaticamente". "Infelizmente", ela continuou, "o comportamento da minha colega não se alterou, mas eu vi que não ficava mais tão incomodada com isso e consegui seguir em frente". Mais tarde, ela se lembra de sentir uma grande empatia e tristeza pela forma com que sua colega continuava a interagir com outros membros de sua equipe, e como eles reagiam a ela. Embora Rose soubesse que ela não conseguiria mudar o que acontecia, com sua compreensão e sentimentos de empatia pôde apoiar os outros membros de sua equipe.

Rose descobriu que reconhecer que o comportamento problemático de sua colega se originava de sua criança interior lhe deu um caminho para ver a natureza humana intrínseca dela – a natureza fundamental compartilhada por cada um de nós por baixo de todo o condicionamento, dor e sofrimento pelos quais passamos na vida.

Ver com clareza o que acontece, além de reconhecer e aceitar com franqueza o que encontramos, leva naturalmente a um crescente senso de estabilidade. Isso porque, quando aprendemos a aceitar as coisas como são, não ficamos mais presos pelos desejos desesperados e aversões do ego. Isso leva a um sentimento de aterramento e firmeza tamanho que até diante de uma dificuldade e um turbilhão emocional podemos permanecer centrados, sabendo que, mesmo que pareça desagradável, está tudo bem. Mas encontrar serenidade e manter-se firme não é fácil. O exemplo seguinte mostra como às vezes os eventos podem entornar o caldo de tal forma que perdemos o contato com esse equilíbrio e estabilidade, mesmo quando estamos familiarizados com sua presença.

Encontrar a calma em meio ao tumulto

Kumar tinha um cargo administrativo no trabalho e passou por um período em que teve de tomar decisões impopulares. Às vezes, ele lembra, "eu encontrava uma aceitação descontente, em outras um conflito descarado e agressão verbal". Kumar se viu sentindo-se estressado e deslocado, e começou a ter dificuldade para dormir.

Com sua atenção plena estabelecida e a prática de meditação, ele conseguiu trazer consciência e sensibilidade ao que acontecia. "No auge das minhas dificuldades emocionais, meus sentimentos ficaram indefinidos e difíceis de compreender com minha consciência." Com uma prática contínua, ele conseguiu trazer mais foco às coisas: "Minha percepção do meu estado interior ficou mais concreta, com margens acentuadas e mais substância nele". Ele se sentiu muito frustrado com a situação no trabalho e desapontado consigo, mas a definição ampliada de seus sentimentos, segundo ele, "curiosamente os deixou mais fáceis para eu me relacionar".

"Meu panorama emocional foi por muitos anos imperturbável e quieto, mas essa situação pareceu como uma explosão enorme nesse panorama, que produziu uma grande nuvem preta, obscurecendo todo o resto." Ao permanecer com essa imagem, Kumar percebeu que "embora a princípio parecesse que não havia nada além da nuvem negra turbulenta em um redemoinho, na verdade a paisagem silenciosa e vazia ainda estava lá no fundo".

Embora tenha precisado de tempo e prática, ele conseguiu a recuperar o contato com essa firmeza em seu ambiente profissional. Apesar de as emoções ainda estarem exaltadas, Kumar achou que essa sensação de estabilidade no fundo lhe permitiu lidar com a situação, e relacionar-se com seus colegas de uma forma mais equilibrada e calma.

Capítulo 7

Budas Amigos

Em uma ocasião, o primo e discípulo de Buda, Ananda, estava sentado ao lado dele, na companhia de amigos e familiares. Ananda observou: "Esta é a metade da vida santa, senhor: amizade admirável, companheirismo admirável, camaradagem admirável". Buda retrucou: "Não diga isso, Ananda. Amizade admirável, companheirismo admirável, camaradagem admirável são, na verdade, toda a vida santa. Quando um monge tem pessoas admiráveis como amigos, companheiros e camaradas, pode-se esperar que ele desenvolva e siga pelo nobre caminho óctuplo".[13,14]

Nessa breve resposta, Buda enfatiza a importância central da *sangha* – nossos amigos, família e as pessoas com quem passamos um tempo. A amizade e o companheirismo nos dão diversão e risadas, experiências compartilhadas, apoio em todas as dificuldades e orientação para nos manter na linha. Mas, inevitavelmente, até seus amigos mais íntimos podem irritá-lo de vez em quando. Isso faz parte de seu trabalho como amigos. Eles estão lá para desafiá-lo quando for necessário, e é sua responsabilidade aproveitar todas as oportunidades para aprender e se desenvolver.

Às vezes, pode ser difícil avaliar que você também tem um papel em criar a dificuldade que percebe. Sei por experiência própria. Podemos nos ver como um amigo exemplar, por exemplo, e

13. O nobre caminho óctuplo é um dos primeiros ensinamentos de Buda sobre o desenvolvimento do despertar: visão correta/adequada, intenção correta, fala correta, ação correta, modo de vida correto, esforço correto, mentalidade correta e concentração correta.
14. Thanissaro Bhikkhu, tr., *Upaddha Sutta: Half (of the Holy Life)* (SN 45.2), 2013, disponível em: <www.accesstoinsight.org/tipitaka/sn/sn45/sn45.002.than.html>.

achar que o que acontece pode ser culpa apenas da outra pessoa. Mas, mesmo se você estiver completamente cego à sua participação no relacionamento problemático, pode ter certeza de que deve estar trazendo algo. Um relacionamento é uma cocriação – afinal, precisa-se juntar duas placas elétricas para criar uma faísca. É essencial que desenvolvamos uma disposição em nos abrirmos e questionarmos nosso comportamento. Mesmo se você não souber qual é o problema, ainda podemos perguntar se há algo que podemos fazer. É com essa honestidade e humildade que acontece a mudança profunda.

A seguir, veremos uma variedade de situações nas quais diversos amigos de pessoas se tornaram problemáticos. Na primeira, conheceremos Paula, que a princípio notou a cordialidade evidente de uma nova conhecida controladora. No entanto, a intensidade da situação na qual elas estavam a manteve tendo de enfrentar suas dificuldades até que, um dia, ela viu o quanto vinha resistindo e se segurando, e percebeu que estava tudo bem em baixar a guarda. Essa percepção se tornou uma lição importante que ela conseguiu aplicar em outras situações. Levou-a também a um exame mais profundo de seu relacionamento com sua mãe, e seus sentimentos de dever e responsabilidade. Ao fazer isso, algumas das raízes de seu comportamento cuidadoso começaram a ser elucidadas.

Aprender a lidar com ternura, paciência e generosidade

Paula conheceu Erin no seu curso de treinamento para professores de ioga há alguns anos. Logo de cara, Paula começou a ficar frustrada e irritada com a conduta terna e gentil de Erin. Nos primeiros dias do retiro de treinamento, Paula se lembra de Erin se aproximar, muitas vezes em termos não verbais, oferecendo ajuda e amizade. Porém, Paula disse: "Eu simplesmente não queria a interação – eu me lembro de sentir que queria ficar sozinha. Erin estava sempre sorrindo para mim, e eu sentia que ela estava tentando forçar uma gentileza comigo".

Com o passar do tempo, Paula começou a notar que ela se sentia incomodada consigo mesma por se irritar com Erin. "Eu podia ver outras pessoas realmente calorosas com ela – todos ficavam felizes com suas ofertas de ajuda". Mas, pelo menos no início, ela não sabia por que se sentia tão incomodada. Com o passar do tempo, ela percebeu que isso estava ligado a uma sensação de defesa e a uma resistência em baixar a guarda.

Um ponto de virada veio no meio do curso. Paula se lembra de uma manhã em que apareceu na aula um pouco mais cedo, e se viu sozinha com Erin. "Eu me sentia de outro modo naquele momento, e essa foi uma oportunidade de lidar com isso". Paula se ofereceu para fazer um chá para Erin. "Parecia legal fazer isso." Ela comentou: "Eu estava cansada naquela manhã, então eu acho que isso ajuda a nos vencer pelo cansaço. Minha máscara tinha caído e eu me senti segura porque não havia ninguém por perto".

Com o passar dos dias, Paula conseguiu baixar sua guarda cada vez mais. "Durante o restante do curso, eu me vi me aproximando fisicamente dela aos poucos e começando a sorrir de volta". Paula percebeu que Erin não estava tentando empurrar nada para ela. "Na verdade, Erin estava apenas presente como um livro aberto, e eu passei a perceber que era uma honra estar na presença de uma pessoa tão gentil, generosa e altruísta." Depois do curso, ela e Erin permaneceram em contato e se encontraram com bastante regularidade. Paula a descreve como uma forte influência e guia (provavelmente sem saber, ela disse). "Erin se tornou um fio que foi tecido na minha vida e parece o melhor presente."

Desde essa época, Paula diz: "Notei outras situações nas quais eu faço isso - como em aulas e em retiros que estou conduzindo. Os alunos se aproximam de mim - eu os sinto começar a confiar em mim - e, então, começo a querer me afastar dessa pressão. Percebo que há algo em mim que os faz quererem ficar perto - e por isso me sinto feliz - mas eu tenho essa reserva em abrir totalmente a porta".

Seus anos de prática Zen possibilitaram que ela visse alguns dos motivos pelos quais poderia se sentir assim. "Eu fui criada para ser independente, confiante e capaz. Quando eu me esforçava para fazer qualquer coisa quando criança, meus pais sempre me estimulavam, dizendo: vai, você consegue. Como resultado, acho que passei a ver a ternura e a paciência como uma fraqueza." Ela me disse que acha que constrói muros quando as pessoas começaram a ser gentis, e é nesse momento em que Paula começa a se sentir incomodada com sua ternura e generosidade.

Em anos recentes, Paula viu de novo esse padrão refletido nela em seu relacionamento com sua mãe. "Minha mãe sempre se viu como independente e capaz, e isso tem muito a ver com sua criação. Mas, à medida que ficou mais velha e frágil, ela ainda se vê sendo tão capaz como sempre foi." Por causa dessa discrepância, sua mãe fica frustrada e impaciente. "Isso levou a muita ansiedade. Eu tenho de ser essa figura capaz por ela e apoiá-la – mas ela não aceita as minhas ofertas de ajuda. Quando ofereço soluções, elas são ignoradas ou rebatidas." Como resultado, Paula notou um novo padrão. "Como eu não consigo mudar as coisas pela minha mãe e ela não aceita minha ajuda, notei que comecei a me jogar na ajuda aos outros!"

Ao longo dos anos, sua prática Zen a ensinou a ser mais gentil consigo mesma quando nota suas emoções, hábitos e padrões. "Aprendi que, em vez de conseguir me envolver, eu preciso retroceder e prestar atenção antes de quaisquer ações. Com o tempo, eu fiquei menos envolvida emocionalmente." Ela também é grata por seu relacionamento sempre difícil com sua mãe. "Foram meus sentimentos por ela que me enviaram na direção do Zen, para começo de conversa."

Enquanto algumas pessoas como Paula podem ter o hábito de resistir à gentileza e ao apoio de amigos, outros se veem em uma situação de desejar uma amizade que não necessariamente está disponível. O exemplo seguinte da minha vida ilustra a angústia que senti quando quis ser aceito em um grupo de amizades preexistente e a compreensão resultante da humanidade compartilhada.

Comportamento de panelinha

Há não muito tempo iniciei um novo *hobby* e comecei a frequentar o clube com regularidade. Algum tempo depois, enquanto eu estava cercado por alguns dos membros veteranos, comecei a me sentir excluído do grupo social estabelecido, que não era particularmente aberto a recém-chegados. Vi isso como um comportamento de panelinha, e reconheci o sentimento desagradável que senti em muitas situações semelhantes no passado. Apesar das várias tentativas de ter relações amigáveis com esse grupo, senti um ar de mau acolhimento e uma sensação de eu não importar para eles. Esses poucos membros às vezes me deixavam no vácuo quando eu os cumprimentava, e percebi que eles muitas vezes se encontravam depois para beber sem me avisar ou me convidar (ou, na realidade, qualquer outra pessoa). Eles faziam piadas internas, sem a menor tentativa de explicá-las para mim. Eu às vezes tinha a sensação de que eles tinham uma linguagem especial desconhecida para mim que usavam entre si.

Percebi que eles me achavam insignificante – e, inconscientemente, eu passei a acreditar nisso. Como resultado, comecei a evitá-los, sentindo-me desconfortável e relutante em fazer novas tentativas de me conectar com qualquer um dos indivíduos. Reconheço agora que este é um padrão habitual meu nessas circunstâncias. Fiquei ciente de que começava a ruminar sobre como eles eram difíceis e o quanto eu me sentia deslocado. Mesmo depois de anos de prática Zen, demorou muito tempo para lembrar que eu poderia usar o surgimento desses pensamentos como um lembrete para mim mesmo, para tentar e criar uma atitude mais expansiva e receptiva. Fiz meu melhor para reconhecer totalmente e aceitar meu comportamento de isolamento, entendendo que é apenas um mecanismo de proteção psicológica para não me machucar. Eu via que alguma parte de mim ainda de fato queria ser aceita e participar do grupo. Ao trazer também essa "vontade" para a luz da minha consciência, vendo-a pelo que ela era e dando espaço para aparecer, minha descoberta me deu a escolha de não a deixar ditar meu comportamento.

Aos poucos, conquistei a confiança desse grupo. Descobri que, quando eu interagi com cada um deles, um por um, pude encontrar momentos de conexão e de amizade verdadeiras. Isso me ajudou a ver que qualquer comportamento de panelinha que encontrei não vinha de nenhum senso de malícia da parte das pessoas. Refletindo mais, lembrei-me de exemplos do passado nos quais eu mesmo fiz parte de um grupo social estabelecido e da intoxicação tentadora de me sentir "incluído" quando outros se sentem "excluídos".

Quando eu trouxe isso, também, para minha consciência e fiz o meu melhor para não julgar, comecei a apreciar como esse grupo e eu compartilhávamos uma natureza humana intrínseca. Essa situação tornou-se outro indicativo de que, sim, na superfície nos comportamos de todas as formas por causa de nosso condicionamento, experiências e tendências, mas, no fundo, tudo que existe é uma totalidade compartilhada que sempre esteve lá – se nos dermos a chance de vê-la.

Os problemas com amigos podem surgir em um momento ou borbulhar embaixo da superfície por muito tempo – principalmente com amigos mais distantes ou com conhecidos. A seguir, temos um exemplo de um relacionamento em ebulição que explodiu em um confronto raivoso, provocado por um período de intimidade mais longo do que o usual. Essa liberação de emoções acabou por ter um efeito liberador e curativo no relacionamento. Isso demonstra o valor de revelar emoções reprimidas e mágoas, mesmo se elas estiveram contidas por muito tempo.

Uma explosão inevitável

Desde que Simon conheceu a melhor amiga de sua esposa, Trudy, há 15 anos, eles tiveram um relacionamento difícil. A esposa de Simon e Trudy são íntimas desde crianças, e permaneceram próximas depois de ambas se casarem e terem filhos. Simon acha Trudy "totalmente desanimada, mal-humorada e sempre quer as coisas do jeito dela". Quando suas famílias ficavam juntas, Simon lembra: "eu sempre baixava minhas armas e levava as coisas na brincadeira, apenas para manter a paz". Mas com os anos, ela o irritou cada vez mais, e ele começou a se ressentir pela forma com que Trudy o intimidava e o depreciava.

Recentemente, a família de Simon passou as férias com Trudy e sua família em sua casa de campo. Sua chegada, lembra ele, acionou uma memória de uma explosão de raiva durante seu último encontro, e isso "me deixou à beira de um ataque de nervos na hora". Simon tinha o hábito de se esquecer de dar cartões de aniversário e outros eventos, então, quando Trudy percebeu que ele não tinha comprado um cartão para sua esposa no aniversário dela, "ela começou a jogar isso na minha cara". Simon disse: "Eu podia sentir que ela queria começar uma briga, e, em nome da paz, eu fiz um esforço monstruoso de não reagir". Apesar dos esforços, no entanto, ela "botou lenha na fogueira quando me comparou com seu marido, dizendo que ele sempre lhe dava um cartão". Os dois explodiram. Simon se lembra de como eles pareciam duas bolas de raiva, remexendo em todas as emoções reprimidas do passado. "Eu lhe disse como eu achava que ela era uma valentona e gostava de dominar as pessoas." Ela disse que ele se comportava como se fosse o melhor de todos, e tratava todos como se ele fosse um príncipe. No fim da briga, Simon se sentia um caco. "Eu fui procurar minha esposa para dizer a ela que estávamos indo embora."

Sua esposa conseguiu acalmá-lo e no dia seguinte os dois se evitaram. Depois de mais alguns dias relaxando, Simon procurou Trudy e se desculpou. "Eu consegui descrever minha raiva para ela, como parecia injusto ser forçado a pisar em ovos, sobre como eu achava que ela tinha me tratado com desrespeito." Simon continuou: "Eu sentia que trazia um valor igual ao grupo, e me importava tanto quanto, embora não demonstrasse da mesma forma." Eles concordaram que os dois têm certos limites que precisam ser respeitados e que cada um expressa amor de formas diferentes. "Esse foi um verdadeiro ponto de virada no nosso relacionamento." Agora, alguns meses depois, Simon nunca se deu tão bem com ela.

Simon achou a explosão inicial e a conversa subsequente libertadoras, pois a pressão acumulada ao longo de todos os anos foi totalmente liberada. "Não sei ao certo se poderíamos realisticamente ter tido aquela conversa antes." Lembrando-se disso agora, ele achou que provavelmente os dois lados teriam de ter sido honestos desde o início. "Eu poderia ter tentado ser mais tolerante com o jeito dela – eu me lembro muitas vezes de falar sobre ela pelas costas, desabafando com meus amigos, expressando minhas emoções para as pessoas erradas da forma errada." Mas a realidade é que eles moram longe um do outro e não se veem com tanta frequência. "Os hábitos de comportamento foram se acumulando ao longo de 15 anos e, é claro, havia uma resistência tremenda em iniciar uma conversa honesta quando nos juntávamos para o aniversário de um dos nossos filhos ou para o Natal." Nos breves momentos em que estávamos juntos, "era mais fácil apenas aguentar". Simon disse: "Provavelmente foi o fato de que estávamos juntos dessa vez por um período mais longo do que o normal que forçou a barra".

Por meio desse processo, Simon percebeu o quanto ele detestava ser mal interpretado e depreciado. Notou que isso provavelmente tem raízes na sua infância. "Eu era o mais novo dentre meus irmãos e primos, e sempre me senti como o mais fraco da ninhada." Embora esse episódio tenha mostrado a Simon aspectos dele mesmo dos quais ele não gosta – as partes vingativa, raivosa e defensiva, e a parte que deseja reconhecimento por suas contribuições na família –, por meio de sua prática Zen, ele diz: "Eu consegui trazer um senso de autocompaixão e de autoaceitação".

Ele também encontrou formas de levar essa mesma compaixão para a amiga da sua esposa. "No estado enraivecido e machucado eu só via um ogro – um monstro causando problemas –, e não me importava com ninguém mais e me deleitava em uma mentalidade de punição." Mas, com o tempo, Simon passou a reconhecer que, lá no fundo, ela é, na verdade, um indivíduo infeliz. Sua raiva e desprezo se transformaram em tristeza e empatia, principalmente quando ele reconhece "como toda a negatividade e tensão física devem estar cobrando seu preço ao sistema dela". Ele me disse: "Por baixo da couraça de raiva e torpeza que passei a ver, consegui encontrar vislumbres de uma pessoa legal, e dei duro para começar a abrir espaço para momentos mais transparentes no nosso relacionamento".

O exemplo a seguir me lembra de uma metáfora que é muitas vezes usada no Zen para descrever o que acontece na sua prática quando você está em um contato íntimo com outras pessoas (como os monges que tradicionalmente viviam em um templo). Viver em proximidade com os outros é visto como estar em um polidor de pedras. No início, as rochas entram com arestas pontudas e recortadas – os monges jovens têm muitos preconceitos, opiniões, crenças e hábitos condicionados por suas experiências e sofrimentos do passado.

Meu professor, por exemplo, lembra que, em seus primeiros anos de vida em um monastério, com quase nenhuma privacidade, ele desejou a morte de quase todos lá! Mas, aos poucos, por meio do processo de se chocar contra todos os demais no monastério-polidor, todas essas arestas ásperas começaram a suavizar. O ideal é os jovens monges saírem do monastério como lindas joias lapidadas. No exemplo seguinte, cito alguém que se chocou contra um companheiro de seu grupo de meditação, não em um monastério, mas na vida cotidiana normal. Com a ajuda de seu professor, ele aprendeu a ver suas reações como reflexos de onde fica preso em seus próprios hábitos e preconceitos, e como indicadoras do momento do desapego.

Uma longa série de lições de vida de um Buda problemático

Há alguns anos, Luca se juntou a um grupo de meditação que frequentava com regularidade. Gradativamente, ele se tornou um membro central do grupo, e não demorou muito a começar a achar Olive, uma das participantes, particularmente difícil. Olive, ele lembra, "era, em geral, carinhosa, gentil e dedicada ao grupo". No entanto, vários aspectos de seu comportamento irritavam e incomodavam Luca. Sua dedicação significava que ela se voluntariava a fazer muitas coisas, mas ele disse: "Eu tinha a sensação de que ela se sentia desvalorizada e, muitas vezes, ela me dizia que achava que seus esforços não eram reconhecidos". Luca também sentiu que Olive tinha uma atitude negativa perante alguns dos outros no grupo e, muitas vezes, os criticava pelas costas. "Foram muitas coisinhas que notei em Olive e em seu comportamento que, com o tempo, criaram um efeito negativo cumulativo, que eu achei cada vez mais difícil."

Luca se lembra de várias ocasiões nas quais ele abordou o professor principal do grupo, sentindo-se exasperado e perguntando-se como ele poderia continuar trabalhando com Olive. Luca perguntou-lhe se ele estava ciente do comportamento dela e, se sim, por que ele não dizia nada? Luca sentiu que "o professor sempre foi paciente com Olive e nunca expressou nenhum tipo de julgamento". Apesar de Luca querer ter seus sentimentos validados, o professor não confirmava nem negava se tinha notado as mesmas coisas ou se achava que elas tinham fundamento na realidade.

O professor tranquilizou Luca, dizendo que esse era um dos objetivos de estar em um grupo como o deles. Ele o encorajou a usar isso como uma oportunidade maravilhosa de praticar aceitação, tolerância e paciência, e a perseverar em tentar entender de onde ela vinha. Ele também sugeriu que Luca começasse a ver de onde vinham suas frustrações e irritação. "Comecei a amolecer minha atitude e a tentar ver o que poderia aprender em cada encontro com Olive." Ele percebeu que achava que o único problema era a forma como ela se comportava, e que Luca não desempenhava papel nenhum na criação da frustração concomitante. Aos poucos, notou que essa era uma visão unilateral. "Reconheci toda uma variedade de pensamentos críticos e opiniões solidificadas, incluindo que ela 'deveria' ser diferente e agir diferente, além de que ela deveria analisar mais a fundo algumas de suas questões." Ele também poderia remontar um pouco de sua frustração a quando Oliver declarou algo sobre o mundo (sobre pessoas, atitudes ou eventos) que Luca não via da mesma forma.

Luca fez questão de perguntar a Olive mais sobre sua história e conhecimento. "Aos poucos, eu consegui ver as coisas um pouco mais do ponto de vista dela e a compreender seu comportamento, dados seu passado e sofrimento." Mesmo se ele não pudesse entender, "tornei-me mais capaz de apenas aceitá-la pelo que ela era", disse ele. Esse processo de suavização e aceitação levou alguns anos, e ele pôde ver que, com certeza, ainda há mais pela frente. "De vez em quando, ainda noto aquela irritação crescente com algo que ela diz ou faz, mas consigo ver tanto suas ações como minhas reações sob uma luz muito mais ampla e compassiva." Luca é profundamente grato a Olive por propiciar a ele uma série tão longa de lições da vida sobre como abordar um comportamento problemático e usar suas reações como um espelho, para mostrar a ele onde ainda está preso e se atém. Ele disse: "Olive é um verdadeiro Buda que apareceu para mim de uma forma problemática".

Capítulo 8

Budas Vizinhos e Companheiros de Casa

Viver muito próximo dos outros pode se tornar algo desafiador. No mínimo, pode ficar difícil evitar alguém que o aborrece ou o incomoda. Às vezes não é nada que eles tenham feito realmente; muitas vezes ficamos incomodados com as pessoas por elas apenas serem quem são, por sua personalidade inata ou peculiaridades individuais!

Disputas entre vizinhos muitas vezes começam com coisas minúsculas, mas, se não tomarmos cuidado, podem rapidamente se agravar até virarem problemas enormes. Eu conhecia alguém que morava em um bloco de apartamentos com sua esposa e uma criança de três anos. Eles achavam um absurdo quando o vizinho do andar de baixo pedia para impedirem seu filho de bater com os pés no chão (pois era assim que soava para eles). Além de cobrirem todo seu apartamento com um carpete de borracha, eles acharam que não havia mais nada que pudessem fazer. Após pedidos repetidos, a coisa toda assumiu uma proporção exagerada quando seus vizinhos chamaram a polícia. Depois disso, deixou de ser sobre o barulho e passou a ser mais sobre a teimosia de cada um e a recusa em aceitar o ponto de vista do outro.

Quando você sente que está "no lado certo", há uma tentação enorme de bater o pé e descartar até o potencial de compromisso. Acabamos nos prendendo a uma ideia por si só, e chegamos a extremos para provar que estamos certos ou ganhar a discussão (como levar seu vizinho ao tribunal por uma disputa de limite de alguns centímetros). Mas, por que fazemos isso, mesmo sabendo que causa tanto sofrimento? Porque, quando nosso frágil senso de identidade se sente ameaçado, ele racionalmente logo sai pela janela. Fazemos tudo o que podemos para nosso ego se sentir seguro.

Os sentimentos negativos e o estresse resultantes de uma disputa constante podem causar todos os tipos de respostas corporais, incluindo tensão, problemas digestivos, dores de cabeça e náuseas. Para sua própria saúde, tudo o que você fizer para ajudá-lo a desapegar da indignação, do ressentimento, da frustração ou da raiva é de grande benefício. Às vezes, é apenas uma questão de saber quando é a hora de se retirar da situação. Em outras, você pode precisar fazer algo mais direto, como sair para uma longa caminhada, fazer uma massagem, certas formas de ioga ou praticar mais meditação de atenção plena.

Dalai Lama, certa vez, disse: "Estar ciente de uma única deficiência dentro de si ajuda mais do que estar ciente de milhares delas em outra pessoa".[15] Isso é o que torna nossa prática de atenção plena honesta e aberta. Ela traz à nossa atenção nossas reações condicionadas, nossas opiniões, ideais fixas e os habituais mecanismos de proteção do ego. Mostra-nos nossas deficiências – e nos dá a oportunidade de escolher novas formas de agir que se afastam do sofrimento, e se aproximam da gentileza e da compaixão. Podemos tentar ver as coisas do ponto de vista de outra pessoa, dar a ela o benefício da dúvida ou responder com um ato gentil (por exemplo, dar a ela algum tipo de oferenda de paz).

No fim, esse ato gentil pode fazer uma grande diferença se você já tiver desenvolvido um relacionamento amigável (ou mesmo apenas cordial) com seu vizinho ou colega de casa, antes que quaisquer questões possam aparecer. Há sabedoria no antigo provérbio chinês: "Um bom vizinho é um tesouro inestimável". Problemas com uma pessoa problemática quase nunca se intensificam de forma tão grave se você já tiver um relacionamento positivo com ela.

---

15. Dalai Lama, *Ethics for the New Millennium*, Nova York, Riverhead Books, 2001.

Os primeiros dois exemplos a seguir ilustram o que acontece quando tomamos consciência das maquinações das nossas mentes, como logo se tiram conclusões precipitadas, e formam-se impressões e percepções. Primeiro, ouviremos Patrick sobre uma situação no estacionamento que o perturbou. Por meio de sua indagação sincera, ele conseguiu observar enquanto sua mente tecia várias histórias críticas em volta da situação, e tentava atribuir culpa a alguém. À medida que ele examinou mais seus pensamentos e suposições, conseguiu encontrar novos níveis de aceitação, compreensão e satisfação com a circunstância. No segundo exemplo, veremos como as impressões iniciais que Dele teve de seu colega de casa foram estilhaçadas, à medida que ele gradativamente via com mais clareza como era seu colega. Ao perseverar com seu relacionamento, ele conseguiu recompor suas dificuldades e transformar a situação.

Estacionamento em metade do espaço

Patrick mora na antepenúltima casa de uma rua sem saída, com estacionamento exclusivo para moradores. O estacionamento está disponível em uma pista longa, sem divisórias, paralela à via da rua (como costuma ser encontrado em bairros do Reino Unido). Em um dia comum, o vizinho de Patrick volta do trabalho mais cedo do que ele e estaciona seu carro bem na frente da sua casa. Isso deixa espaço para aproximadamente mais dois carros e meio antes do fim da área de estacionamento. Quando Patrick chega a sua casa, ele encontra apenas meio espaço disponível, então acaba tendo de estacionar em uma rua diferente.

"Cada vez que isso acontecia, eu ficava bravo com ele por ter ocupado dois espaços e comecei a culpar meu vizinho por ser tão egoísta. Se ele pudesse ir um pouquinho mais para a frente!" No entanto, com seus anos de prática meditativa, Patrick conseguiu observar com consciência esse processo interno de julgar e procurar um culpado. Ele se lembra de pensar: "eles não deveriam fazer isso e deveriam ter mais consideração", mas uma voz dentro dele dizia: "eles provavelmente não tentaram não ter consideração, nem fizeram isso de propósito para que eu não tivesse lugar para estacionar". Quando ele notou essa polifonia de pensamentos com todos os "deveriam" e "provavelmente", se lembra de "começar a rir de como minha mente consegue ficar tão agitada assim". Mais tarde, notou que, na volta para casa, alguma parte dele esperava pela questão do estacionamento usual, para o conjunto de pensamentos críticos comuns aparecerem, só para ele poder rir de si mesmo!

Apesar de o problema de estacionamento não ser culpa de Patrick, ele percebeu que sua mente buscava constantemente uma forma de se envolver. "Não importa o quanto eu tentasse apenas estar na situação, minha mente encontraria alguma forma de também ter algo a dizer, tentando elaborar ou justificar cognitivamente a situação, ou atribuir a culpa para que eu me sentisse inocente." Patrick reconheceu isso como uma tendência automática.

Ele disse que começou a tentar ver sua voz interior como "amigável e bem-intencionada, mas apenas não muito bem-educada – como uma criança que oferece um conselho simples e ingênuo". Isso lhe deu uma nova forma de reconhecer e aceitar esses pensamentos críticos. "Eu conseguia vê-los não no nível de um intruso de que preciso me livrar, mas, sim, como algo apenas com o qual preciso só ser paciente e sobre o que eu teria curiosidade, como aconteceria com uma criança." Como resultado, ele começou a reconhecer essas mesmas tendências a julgar e culpar em muitos outros pontos da sua vida. Patrick se lembra de se perguntar: "Este é um padrão que me serve bem ou me afasta de meu compromisso com os preceitos[16] e a prática do pensamento e do discurso corretos?"[17]

Patrick disse que é grato ao seu vizinho por continuar a estacionar como ele faz, e por, dar lhe tantas oportunidades para olhar com tanta atenção para si. "Ver o funcionamento da mente com tanta clareza é mais valioso do que ganhar a discussão de quem estaciona onde." Para ele, isso foi uma minirrevelação.

16. Um compromisso de viver ao mesmo tempo que evitamos matar, mentir, roubar, ter uma má conduta sexual, consumir drogas, insistir em erros, ter orgulho ou depreciar os outros, ser mesquinho, nutrir raiva ou difamar o caminho budista.

17. Parte do nobre caminho óctuplo. As outras são a visão correta, a ação correta, o estilo de vida correto, o esforço correto, a atenção correta e a concentração correta.

Se chegasse o momento e parecesse apropriado, Patrick disse que certamente cogitaria ter uma conversa com seu vizinho sobre a situação. "Tenho certeza de que, depois da minha revelação, eu seria bem menos emotivo sobre tudo o que poderia dizer, e poderia até ter um senso de humor sobre todas as coisas. Mas eu também penso que abordar isso assim tão de repente serviria apenas para mim. Eu consegui controlar até agora, e conversar sobre isso, na melhor das hipóteses, me beneficiaria e, na pior, deixaria meu vizinho se sentindo péssimo por todos esses anos estacionando dessa forma."

Reformular seus julgamentos iniciais

Dele compartilha um apartamento com uma mulher há aproximadamente seis meses. Desde sua primeira conversa, ele sabia que eles não estavam na mesma vibração. Suas impressões iniciais eram de que ela era fria e insensível, e nos primeiros meses Dele tentou muito se relacionar com sua natureza um tanto fechada. Eles eram pessoas diferentes sem óbvios interesses em comum.

Neste ponto, Dele já praticava o Zen há mais ou menos uma década. Ele contou: "Minha prática me ensinou que as primeiras impressões nem sempre são o que parecem". Nos primeiros meses, suas conversas domésticas meio desajeitadas sobre coisas como culinária e limpeza tornaram-se janelinhas pelas quais ele começou a vê-la de novas formas. Dele também conseguiu ver seu lado profissional, visto que ela trabalhava em casa lidando com reclamações de consumidores. Ele admitiu: "Testemunhá-la lidando repetidas vezes com consumidores furiosos e frustrados com calma, e de uma maneira consistente e profissional, me impressionou. Comecei a ver sua aparente frieza como, na verdade, a característica de uma pessoa prática, capaz e equilibrada". Dele se maravilhava com o modo como ela não se perturbava com as questões e com sua aparente capacidade de adaptação. "Posso ver que ela é mais forte do que eu de muitas formas."

Com essa prática, ele me disse que conseguiu trazer um nível de consciência a suas críticas e dificuldades iniciais em seu relacionamento, já que tem uma disposição de se apegar coisas sem pensar de imediato. "Com esse espaço e clareza pude reformular minha percepção dela." Ele agora se sente mais confortável para continuar a compartilhar o apartamento com essa mulher.

Dele refletiu sobre aonde essa prática o levou: "Eu acho que cada encontro com uma pessoa ou situação que provoquem frustração, incômodo e sofrimento propicia uma urgência renovada para aprofundar minha prática. Desenvolver-me diante da dificuldade na vida me estimula a agir, e me dá a motivação para tentar e ver o que surge com a maior clareza possível".

Nos próximos dois exemplos, encontraremos uma resposta muito mais centrada no corpo perante as dificuldades sobre pessoas problemáticas. Saberemos como uma disputa sobre instalar um toldo fez Alan abruptamente tomar uma decisão difícil que ele sabia que enfureceria seu vizinho, e como isso causou um doloroso acúmulo de tensão em seu corpo. Depois de descobrir uma técnica para liberar essa tensão física, Alan viu que conseguia se comunicar com mais clareza no seu coração e, aos poucos, reconstruiu o relacionamento com o vizinho. No relato depois desse, conheceremos Scott, cujo colega de casa difícil e pegajoso muitas vezes o distraía de sua prática de meditação pacífica. A fúria resultante de ser retirado desses estados agradáveis tornou-se o catalisador que encorajou Scott a analisar mais de perto o que acontecia. Ele passou a ver sua raiva como um sinal de que ele não estava aceitando totalmente seu colega e como a situação estava. Isso se tornou uma lição visceral para Scott de que há muito mais na prática espiritual do que apenas atingir estados mentais tranquilos e pacatos.

A busca por um abrigo do sol

Alan conheceu Lúcia, a Buda problemática deste exemplo, quando ela era aluna em um curso de atenção plena ministrado por ele há alguns anos. Ela adorou o curso e foi muito bem. Há uns dois anos, Alan, sua esposa e o bebê se mudaram para um apartamento no andar térreo em um condomínio fechado e, por coincidência, Lúcia vivia no apartamento logo acima.

Nessa comunidade, os andares pertencem a todos, e não existem regras estritas sobre o que as pessoas podem ou não fazer. Alan quis construir uma estrutura de madeira no terraço do lado de fora de seu apartamento para se proteger do sol do verão, então solicitou uma autorização para seus vizinhos. Ele fez questão de perguntar para Lúcia, visto que precisaria colocar pregos nas vigas da parede externa dela. No começo ela concordou.

No entanto, foi só Alan comprar e receber todos os materiais que Lúcia lhe disse que tinha pensado melhor. "Ela previu que as roupas no varal encostariam nas vigas de madeira e ela estava preocupada de não conseguir mais ver o jardim, como estava acostumada." Alan apelou a ela, descrevendo como isso faria diferença para sua esposa e seu bebê, que realmente sofrem no apartamento quente e ensolarado. Ele sugeriu que "se ela pudesse dobrar seus lençóis mais uma vez, não haveria perigo". Ela não se convenceu.

Alan discutiu se ele poderia ir em frente ou não. Seu pai contribuiu muito com o custo dos materiais e ele se sentia responsável. Ele estava incrivelmente dividido, por um lado, importando-se com Lúcia e seus sentimentos e querendo ser um bom vizinho, e por outro, calculando as necessidades de sua esposa e do bebê. "Eu percebi uma grande tensão física no meu corpo, e, até falando sobre isso agora, posso sentir a tensão se elevar no meu peito e na minha barriga." O dissabor da tensão, ele disse, o encorajou a "viver fora de seu corpo".

Alan ponderou que tinha "estendido sua mão o máximo que podia e ainda não havia solução". Ele disse: "No fim, eu tive de me jogar nessa contradição. Tomei a decisão de seguir em frente com a construção, sabendo que causaria sofrimento a Lúcia". Compreensivelmente, ela não estava feliz. Ele se lembra de ela expressar seus sentimentos em rompantes de fúria. Alan, claro, se desculpou, mas disse que ele já tinha comprado todos os materiais baseados no fato de que ela tinha concordado desde o princípio.

"Eu sabia que não havia má intenção nas suas ações, ela apenas não queria ser passada para trás. No meu silencioso momento de meditação, consegui reconhecer a humanidade compartilhada entre nós." Alan sentiu que ambos estavam apenas tentando fazer seu melhor, dados a situação e o histórico – mas admite que essa perspectiva nem sempre esteve em um primeiro plano na sua mente.

Depois de notar como seu corpo ficou fisicamente tenso durante todo esse episódio, uma grande descoberta para Alan foi a prática do tremor. Ele a achou extremamente útil para liberar a tensão acumulada, ajudando-o a desapegar e processar seus sentimentos de nervosismo e trepidação. Refletindo agora, ele diz: "Eu achei uma diferença enorme entre tratar de uma situação problemática com um corpo fechado, uma atitude fechada e sem perceber minhas tensões físicas, e ir em frente com o corpo e uma mente abertos e receptivos, com uma conscientização completa de como meu corpo reage à dificuldade".

Depois que ele descobriu essa técnica de liberação da tensão, achou muito mais fácil encontrar sua vizinha no corredor. Ele conseguiu falar com mais facilidade do seu coração, perguntando como ela estava, com sinceridade e honestidade. Aos poucos, Alan disse, conseguiu reconstruir seu relacionamento com Lúcia.

Deixe-me fazer minha prática espiritual importante

Quando Scott estava na universidade, ele morou em uma grande república de estudantes e já praticava o Zen há alguns anos. Não muito tempo depois de se mudar, um de seus colegas de casa tornou-se pegajoso. "Eu queria que as coisas corressem sem problemas e todos se dessem bem, mas esse sujeito simplesmente não podia se conter. Ele me seguia pela casa e tentava conversar comigo em cada oportunidade que aparecesse. Abria a boca para explicar suas teorias sobre todos os tipos de coisas e por qual motivo ele não gostava disso ou daquilo, mudando de assunto de repente."

Com o tempo, a coisa piorou. "Quando esse sujeito não tinha nada para fazer, ele procurava por mim. Muitas vezes, ele interrompia minha meditação só para me fazer ouvi-lo – e eu não conseguia nem interferir nem desafiar sua perspectiva." Ele disse que achava que esse colega não estava no mesmo plano de realidade. Scott descobriu depois que ele tinha esquizofrenia.

Scott começou a se esconder e a fazer longas caminhadas apenas para se afastar do rapaz. Quando estava sozinho, ele muitas vezes se perguntava ansiosamente: "onde ele está?" "Eu fiquei tão zangado com ele e não conseguia me desapegar." Scott disse que em sua prática de meditação, na época, ele sempre atingia estados de uma bela paz e serenidade, e esse cara estava "perturbando" e tirando-o desses estados agradáveis. "Eu o via ficando no meio do caminho da minha 'prática espiritual importante' – e não acho que a raiva fizesse parte disso." Conforme o tempo passava, a raiva o destruía. "Era uma tortura."

Com o tempo, ficou bem claro para ele que ficar zangado não era o caminho para sair dessa situação. "Eu tentei tudo que podia para sair dessa situação, mas percebi que a única coisa que funciona é enfrentar – ir a fundo nisso." O único caminho era reconhecer e aceitar totalmente seu colega e sua doença, e o efeito que isso tinha – "estar bem com ele exatamente como ele era". Scott continuou: "Aos poucos, passei a ver minha raiva como um sinal de que eu tentava escapar, e não o aceitava totalmente como ele era. Cada vez que eu não o aceitava, criava mais sofrimento". Depois de fazer isso, Scott começou a ver e calcular o sofrimento desse homem. "Por fim, cheguei a um ponto em que podia amá-lo."

Em dado momento, seu colega de casa ficou muito deprimido e ameaçou incendiar a casa. "Nesse ponto, tentamos colocá-lo em um trem de volta para a casa de seus pais, mas ele fugiu para a polícia. Então, na delegacia, ele surtou, gritando e urrando, e fugiu de novo. A polícia então conseguiu capturá-lo e o levou a um hospital psiquiátrico." Ele, enfim, acabou voltando para seus pais.

Muito tempo depois, o sujeito voltou para a casa com sua mãe para dizer adeus. Scott disse: "Ele estava muito melhor e dava para ver o quanto ela o amava". Quando sua mãe percebeu como as coisas estavam na casa, entendeu que ele não conseguiria ficar lá, e isso não estava certo para ele. "Eu calculei pela primeira vez como era difícil para ele estar longe da sua mãe."

Agora Scott entende. "Sou muito grato por ele ter me ajudado a enfrentar minha raiva e eu ter aprendido a aceitar. Sem essa experiência tão intensa, jamais teria visto que eu tinha esses lugares sombrios, e ele me ajudou a iluminá-los com mais clareza." Foi só depois que ele partiu e a intensidade das emoções diminuiu, que Scott conseguiu enxergar a verdadeira natureza búdica de seu companheiro.

Os dois relatos finais deste capítulo ilustram o que acontece quando conseguimos abrir nosso coração e nos conectarmos mais diretamente a um senso de compaixão por nossa pessoa problemática. Como mencionamos, muitas vezes é difícil fazer isso no meio de fortes sentimentos de irritação, raiva ou ofensa. Nesses dois exemplos, foi preciso se afastar da situação, e praticar intencionalmente a franqueza e uma gentileza carinhosa. O segundo exemplo mostra como às vezes é necessário ter autocompaixão antes de conseguir estender isso à pessoa problemática. Às vezes, é preciso uma intenção sustentada de ser gentil e piedoso para que ela se manifeste verdadeiramente em um relacionamento difícil. No entanto, o esforço sempre vale a pena pelo que pode nos ensinar sobre nós mesmos, e como pode mudar a base de nossos relacionamentos com a pessoa difícil e conosco.

Abertura dos portões

Fábia costumava morar em uma grande casa compartilhada. Não demorou muito para ela começar a ficar incomodada com a maioria de seus colegas de residência. Mas uma mulher em especial destacou-se como a mais irritante. "Ela falava alto demais e parecia uma verdadeira puxa-saco." No início, Fábia tentou seu melhor para apenas aceitar essa mulher e evitar dizer qualquer coisa. Ela disse que estava preocupada em ser uma "má budista" se expressasse sentimentos negativos e, na verdade, contou à mulher como ela achava seu comportamento difícil. Depois de um período carregando toda essa frustração, ela disse: "Percebi que tinha começado a odiar essa pessoa, basicamente, não por ela fazer algo errado – mas apenas por ela ser quem era".

Aos poucos, Fábia tentou, de propósito, "abrir minha consciência ao comportamento dessa mulher – e à sua voz alta em particular". Ela disse: "Na minha prática de meditação, eu imaginava meu corpo feito de portões, e como seria abrir conscientemente esses portões". Em seus encontros com ela, Fábia tentou deixar a voz infiltrar-se nela sem qualquer julgamento. "Algo me atingiu como um raio – senti um tipo de clique físico dentro de mim, como se algo tivesse me atingido no peito." Ela continuou: "Na minha prática de meditação, depois, apareceu um bando de coisas pessoais sobre minha própria vida e minhas atitudes, e comecei a chorar por amor a essa pessoa". A decisão de deixar essa pessoa problemática entrar em sua vida, estando em interação direta com ela ou não, pareceu uma mudança profunda.

Agora, Fábia sente-se grata a essa mulher por incomodá-la. Essa situação deu-lhe uma oportunidade de examinar suas atitudes em ser budista, e para perceber que nutrir sentimentos negativos só piorou as coisas. "Aprendi que, se conseguisse notar minhas frustrações sem resistir a elas, nem as negar, então as coisas não se acumulariam até o ponto de explodir. Mostrou-me como abrir meus portões e deixar as pessoas entrarem." Fábia sabe que, com os anos, encontros com pessoas como essa mulher gradativamente lhe ensinaram como ter relacionamentos abertos, honestos e gratificantes com indivíduos de todos os tipos – difíceis ou não.

Morando em um jardim de ressentimento

Andrew conheceu Gary quando eles estavam na universidade e logo se tornaram bons amigos. Andrew foi o padrinho do casamento de Gary e de seu primeiro filho. Alguns anos depois, Andrew mudou-se para um quarto na casa de Gary e morou lá como inquilino por oito anos. Ele me disse: "Com o tempo, surgiu um padrão bem doentio no nosso relacionamento". Andrew achava Gary cada vez mais difícil. Analisando agora, Andrew disse: "Eu sentia que todas as opiniões e críticas que eu tinha sobre mim se mantiveram no lugar, ou até foram reforçadas, por estar ao redor do Gary". Ele sentia que a dinâmica de seu relacionamento o ajudou a trair sua própria verdade, e esse padrão se tornou arraigado ao longo desses oito anos.

Há mais ou menos cinco anos, Andrew se mudou. Ele se lembra de ter sido um momento traumático e se sentiu ansioso para partir, mas também sentiu alívio por "estar fora do alcance dessa dinâmica de relacionamento". Nos anos seguintes, Andrew estava ciente de como ele continuou a sentir ressentimento pelo modo como seu velho amigo tinha se comportado e o tratado. "Tornou-se um problema persistente e duradouro, embora eu não tivesse mais nenhum contato com ele".

Andrew continuou: "Havia um depósito de ressentimento e amargura dentro de mim. À medida que esses pensamentos negativos apareciam, principalmente na minha prática de meditação, eu não conseguia aceitar que eles durariam tanto. Mas eles apenas continuaram a aparecer várias vezes seguidas". Ele disse que se sentia como se vivesse em um jardim de ressentimento, cercado por plantas que cresciam avidamente. "Eu sempre cortava novos brotos sem ver um fim nesse trabalho de jardinagem." Aos poucos, reconheceu que o problema não estava com Gary, mas apenas que "ele tinha cutucado uma ferida preexistente e subjacente nele".

Com sua prática meditativa, Andrew começou a nutrir uma atitude de autocompaixão. "Sempre que eu entrava na mentalidade 'de quem é a culpa', eu jogava a palavra 'gentileza' na minha experiência." Ele via como essa gentileza tinha um aspecto abrangente de 360 graus em si. "Eu aplicaria isso a todos os ressentimentos, a tudo o que deveria ou não deveria para quando precisasse consertar ou mudar as coisas; aplicaria a Gary, a mim e a tudo." Depois de fazer isso, ele notou que as coisas deixaram de ser centradas sobre todo seu sofrimento, e passaram a ser sobre apenas sofrer. "Todos os problemas se dissolveram em gentileza."

Durante um retiro Zen recente, focado nas quatro meditações ilimitadas,[18] Andrew conseguiu dedicar muitas horas de prática para aplicar compaixão e gentileza amorosa a essa fixação específica, e ele descobriu "aquela cura incrível". Também conseguiu encontrar um "senso palpável de alegria por Gary e sua esposa na chegada de seu quarto filho" – que tinha nascido enquanto Andrew morava com eles. Até esse ponto, segundo Andrew, ele só

18. Gentileza carinhosa, compaixão, alegria empática e paz ilimitadas, introduzidas na corrente principal da prática Zen Rinzai pelo mestre Zen Torei Enji (1721-92).

tinha sentido ressentimento. Ele se lembra de encontrar um senso profundo de interconexão – de "sorrir sem ter nada entre mim e o sorriso do outro" e um "senso intuitivo de que sua alegria era a minha – e que era apenas uma alegria compartilhada por todos".

Essa experiência apresentou-me uma sensação de confiança em Andrew de que essa alegria universal esteve sempre lá. "Embora os pensamentos e as sensações de ressentimento e amargura ainda apareçam, sei agora que essa alegria nunca está distante. Quando o diálogo interno se vira para avaliar se Gary era bom ou ruim, ou se ele me explorava ou não, ou de quem era a culpa, há um alívio ou satisfação em saber que, com a perspectiva da nossa verdadeira natureza, não importa. É tudo igual."

A experiência mostrou a Andrew que é difícil se acalmar enquanto a atenção é cativada pela mente ocupada – com sua constante "revoada entre pensamentos e enredos". Ou quando "com a atenção focada no corpo, as coisas se acalmam muito mais rápido". Andrew refletiu sobre sua experiência: "Assim como consegui ficar com as sensações físicas no corpo, não só notá-las, mas também aceitá-las, percebi que o sofrimento pessoal se tornou um sofrimento impessoal, não amarrado a nenhuma pessoa específica". Assim, ele conseguiu desenvolver um relacionamento mais pacato com seu sofrimento geral, e engajar-se com a fonte mais ampla e compartilhada de sofrimento no mundo.

Capítulo 9

Budas Parceiros

Antes de sua vida como asceta e monge, Buda foi um príncipe em um pequeno estado no norte da Índia, e tinha uma esposa e um filho. Por todos os relatos, Buda amava muito sua esposa e confiava nela, quando ele começou a conflitar com as questões sobre o que é a vida e por que as pessoas sofrem. No fim, seu anseio premente de encontrar iluminação o levou por um caminho solitário distante de sua esposa, mas ele certamente levou consigo muito do que aprendeu durante aqueles anos de vida matrimonial.

No *Samajivina Sutta,* encontramos um breve relato de Buda conversando com duas pessoas casadas sobre as qualidades que tornam um relacionamento bem-sucedido. O casal são pais de Nakula, um dos discípulos originais de Buda. Enquanto estão sentados juntos, o pai de Nakula, Nalulapita, disse ao Buda: "Senhor, desde que Nakulamata, quando era uma garotinha, foi levada a mim para ser minha esposa, quando eu era um menino, não me recordo de ser infiel a ela, nem mesmo em pensamento, muito menos em corpo. Queremos ver um ao outro não apenas na vida presente, mas também na vida futura". Depois disso, Nakulamata também falou ao Buda e ecoou as mesmas palavras e sentimentos. Eles estavam perguntando-lhe como deveriam viver se quisessem que seu relacionamento florescesse. Buda respondeu dizendo: "Um marido e uma esposa devem estar em sintonia na convicção, em sintonia na virtude, em sintonia na generosidade e em sintonia no discernimento. Então, eles se encontrarão não só na vida presente, mas também na vida futura. Se marido e esposa tiverem convicção, forem compreensivos, tiverem controle, viverem pelo Dharma, dirigindo-se um ao outro com palavras carinhosas, eles se beneficiam de muitas formas. A eles vem a felicidade".[19]

De todas as habilidades necessárias para uma parceria de sucesso, Buda ensinou que a sintonia é a mais importante - ambos se sintonizam consigo mesmo e com o outro. Ele então divide essa sintonia em quatro diferentes áreas:

- Sintonizar-se um com o outro na convicção - uma intenção de percorrer a mesma estrada, terem a mesma orientação na vida e talvez o mesmo sistema de crenças.
- Sintonizar-se na virtude - um senso harmônico do que parece verdade ou correto aos dois parceiros, uma moralidade compartilhada.
- Sintonizar-se na generosidade - serem compatíveis em níveis, tipos e atitudes, em torno de se doar aos outros e serem generosos.
- Sintonizar-se no discernimento - ver e julgar as coisas de uma forma semelhante ou com a mesma mentalidade.

É um belo ideal, e é nossa responsabilidade como parceiro nos esforçarmos por esse modelo - mas, na prática, as coisas nem sempre se parecem com isso. Aqui ajuda de novo fazer a comparação com monges que vivem em um monastério e a metáfora do polidor de rocha mencionada. Nesses termos, viver com um parceiro pode ser visto como estar em um monastério de duas pessoas ou um polidor para duas rochas. Sim, cada tranco e barranco são dolorosos - às vezes é doloroso -, mas são todos oportunidades de aprender, crescer e lapidar suas arestas pontudas.

Assim como os polidores de rocha precisam manter a lapidação, necessitamos refinar continuamente nossa sintonia ou reconhecer que estamos fora de sintonia e nos sintonizarmos de novo. Essa é a ação do polimento. Nosso parceiro pode nos ajudar a aprender e nos desenvolvermos - em nossa natureza como indivíduo, mas também (e isso é importante) juntos como um casal em

19. Thanissaro Bhikkhu, Thanissaro. tr., *Samajivina Sutta: Living in Tune* (AN 4.55), 2013, disponível em: <www.accesstoinsight.org/tipitaka/an/an04/an04.055.than.html>.

um relacionamento. Muitas vezes você ouve falar de alguém que está procurando por um(a) parceiro(a) que possa "completá-lo(a)" – como se fosse um semicírculo que procura por outro para criar um círculo completo. Muitas vezes também, quando alguém está em um relacionamento, ouço-o usar a expressão "minha outra metade" quando se refere ao parceiro – mas se tornar a outra metade de alguém seria algo a que realmente aspiramos? Se buscarmos por felicidade existencial ou plenitude em algo fora de nós (seja um parceiro, seja qualquer outra coisa), então, com certeza, prepararemos as condições para o sofrimento.

O mestre Zen Thich Nhat Hanh fala que uma parceria é como a união de dois jardins. Cada um contém as sementes de ervas daninhas, como raiva, medo, discriminação e ciúme, mas também de lindas flores, como compaixão, compreensão e amor. Se regarmos as sementes do sofrimento, elas virarão plantas de dor e ódio, mas, se regarmos as sementes da compaixão, elas virarão lindas flores de amor e gentileza. Devemos primeiro dominar a prática da rega seletiva no nosso jardim. Apenas então teremos sabedoria o suficiente para ajudar a regar as flores no jardim do nosso parceiro.

O simbolismo na cerimônia de casamento Zen condensa muito bem isso. No início, os noivos se aproximam do altar da esquerda e da direita, cada um segurando duas velas acesas – uma vermelha e uma branca. Essas velas representam os opostos dentro de cada um de nós – os elementos de yin e yang, ou sombra e luz, se preferir. Cada um tem na sua frente uma vela de tamanho médio, que cada um acende com suas duas velinhas. Isso simboliza o caminho da prática individual em que cada um encontra sua própria resolução desses opostos, percebendo a perspectiva da unidade ou não dualidade. Cada um então pega sua vela média, e os dois vão ao altar na frente de uma vela grande e acendem-na juntos. Esse passo simboliza a junção dos seus caminhos, um compromisso de apoiar um ao outro e praticarem juntos. Com a cerimônia, há um reconhecimento de que cada parceiro tem um crescimento e um desenvolvimento com a mesma importância, além de ambos terem um compromisso em ajudar um ao outro a crescer em seu relacionamento.

A seguir, veremos dois exemplos específicos e diferentes de como um parceiro pode se tornar um Buda problemático, e as lições que as pessoas envolvidas aprenderam com essas experiências. O primeiro pode acontecer (e, devo dizer, *vai* acontecer até certo ponto) com qualquer um em um relacionamento. O segundo exemplo ilustra como até um rompimento catastrófico com uma parceria pode se tornar um solo fértil para o crescimento e a autoanálise.

Expresse seus sentimentos enquanto seguem juntos

Desde que conheceu sua esposa, John observou que, muitas vezes, "quando ela estava absorta em algo, como uma leitura ou mexendo no computador, ela não ouvia nada do que eu dizia". Em momentos mais relaxados, eles brincavam sobre como as coisas que ele dizia seriam armazenadas no sistema de filas de espera interno dela para serem repassadas quando ela terminasse de fazer o que estava fazendo. Às vezes seriam recontadas com precisão, mas na maior parte do tempo acabariam deturpadas de alguma forma. Nos instantes em que ele estava menos relaxado e tolerante, John achava esse hábito irritante. Mas, na situação oposta, ele refletiu: "Eu tinha a percepção de que ela poderia dizer algo para mim em quase todos os momentos, e eu conseguiria prestar atenção e ouvir o que ela dizia".

John percebeu que o que sua esposa fazia não estava sob seu controle consciente. "Ela não queria me ignorar, seu cérebro simplesmente não registrava o que eu dizia quando ela estava focada em outra coisa." Ele acrescentou: "Como eu sentia que isso era algo que nenhum de nós poderia mudar, só achei que era minha responsabilidade aceitar seu comportamento". Isso continuou por alguns anos, mas não pôs um fim à frustração dele – apenas levou a um acúmulo de emoção guardada. John disse que em seus momentos mais fracos (e menos regulados): "Eu expressava essa emoção reprimida por meio de comentários passivo-agressivos ou sarcásticos que eu soltava algum tempo depois do acontecimento". Isso inevitavelmente causava conflitos: "Eu sempre saía com uma sensação horrível na boca do estômago e sentindo que era minha culpa".

Depois de refletir sobre o que acontecia, John decidiu começar a tentar confrontar sua esposa nos momentos em que ele sentia surgir a frustração, em vez de apenas tentar aceitá-la. John conseguiu encontrar formas de lhe dizer como ele se sentia quando não era ouvido ("Exceto pelas vezes em que ela não ouvia isso também..."). "Descrever com calma e sinceridade meus sentimentos no mesmo momento em que eu os sentia parecia uma forma mais saudável de expressá-los." À medida que ele conseguiu fazer isso mais vezes, ele viu que a energia emocional não se acumulava como antes e se sentiu muito mais em paz. "Por sua vez, minha esposa começou a ver como era frustrante para mim quando ela não me ouvia." Embora seu comportamento fosse inconsciente de fato, ele notou que "só de saber que efeito isso tinha, começou a acontecer com menos frequência".

John agora pode ver que, quando ele mesmo está muito concentrado em algo, também às vezes não escuta, ou tem uma resposta atrasada a algo que sua esposa disse. Essa percepção, conta ele, "me levou a perdoar e aceitar muito mais o comportamento dela".

A flor de lótus floresce no fogo

Já faz seis anos que Anne-Marie terminou seu casamento infernal – um casamento descrito por ela como um "cadinho que continha uma fogueira cármica". Ela conta: "Meu marido de 1,95 metro apareceu na minha vida ardendo com uma energia de raiva. Periodicamente ele ficava furioso, e isso moldou o ritmo principal do nosso relacionamento". Anne achou isso algo dificílimo de se lidar, e muito confuso. Como resultado, ela começou a questionar tudo – tentando ver o que acontecia e aplicando "um nível acadêmico de escrutínio sobre mim e meu relacionamento". Anne realmente não conseguia entender o que motivava os rompantes de raiva, de onde ela vinha – e até se perguntava por que se sentia atraída por esse homem. Embora ela já tivesse cruzado com pessoas um pouco problemáticas antes, nada a levou a olhar tão profundamente dentro de si como nessa situação. "Era algo grande demais para ignorar!"

A princípio, Anne-Marie recorreu ao mundo médico por ajuda. "Eu lia tudo o que podia sobre dinâmica humana, psicologia, sofrimento, vício, padrões culturais, além de traumas familiares e de compromisso." Ela tentou várias modalidades de psicoterapia antes de topar com uma abordagem diferente – o Zen Budismo. Descobriu que as práticas Zen de conscientização e compaixão, autoanálise sem julgamentos e o trabalho individual com um professor formaram o conjunto de ferramentas mais poderoso para ela.

Aos poucos, com sua prática, "ganhei um senso de clareza e força e, passo a passo, saí do buraco profundo em que me encontrava". Ela descreve o marido como "ter um espelho na minha frente em plena luz do dia". Em seus encontros com seu professor Zen (o encontro livre e incondicional entre professor e aluno é conhecido como *sanzen*), seu professor conseguiu manter um espaço no qual Anne poderia liberar sua fúria e sua raiva com segurança. "Eu consegui analisar isso sem queimar tudo o que eu tocava pelo resto da minha vida." Ela se sente incrivelmente sortuda por ter conhecido seu professor e profundamente em débito com ele por toda sua ajuda.

Ao abrir seu coração, ela conseguiu gradativamente criar e manter esse espaço dentro de si, onde o fogo poderia ser totalmente visto e reconhecido. "Assim que a energia se desenrolou e mudou, comecei a tocar em uma dor profunda." O comportamento de seu marido a ajudou a se conectar com a negação, a raiva reprimida e a energia bloqueada que, como ela descobriu, tinham raízes em sua infância. "Minha infância me ensinou que esse comportamento violento e agressivo dos outros era aceitável. No entanto, expressar minha própria raiva não era seguro para mim." Isso lhe ensinou a trancar suas emoções bem no fundo. Ela percebeu que essas qualidades familiares, violentas e agressivas, foram em parte o que a fez se sentir atraída por seu marido, para começo de conversa. "Quando as coisas se abriram mais, vi como o comportamento dele se comparava com o tipo de coisas que minha mãe fazia quando eu era criança, apenas em maior escala." Com o tempo, ela começou a ver o padrão de violência incontestado correndo pelas gerações de sua família.

Como resultado, pela primeira vez, Anne foi capaz de amar seu marido pelo que ele era. Ainda estando no relacionamento nesse momento, ela se viu como "uma verdadeira flor de lótus florescendo no fogo" (uma imagem budista tradicional que representa nossa capacidade de perceber e demonstrar gentileza, serenidade e compreensão no meio do sofrimento). "Certa noite, sonhei com um trem chegando ao fim da linha com um solavanco, e foi nesse ponto que eu sabia que meu relacionamento tinha acabado". Ela sabia que precisava sair do trem e começar a caminhar – "eu o deixei imediatamente. Eu estava ficando mais forte, sentindo-me mais inteira e sensata." Ela continuou: "Aos poucos, com a prática contínua, consegui encarar outros aspectos do sofrimento na minha vida, camada a camada, incluindo depressão, ansiedade e níveis profundos de trauma de compromisso intergeracional. Durante esses anos, deixei derramar muito do meu sistema, às vezes até fisicamente, por meio de movimentos de estremecimento".

Mesmo quando ainda estavam juntos, Anne-Marie não tinha problema em ver a "assinatura de energia" inata de seu marido, como ela a chamava – que estava embaixo de todos os efeitos de ter sido maltratado em sua infância. Ela sabia que nada nele estava fundamentalmente quebrado, era perverso ou irredimível. "Ele estava em um processo fluido, dinâmico, interdependente que fazia tanto parte do universo quanto tudo o mais. Ele apenas não conseguia controlar sua raiva."

Refletindo agora, ela reconhece que permaneceu no relacionamento em parte com a esperança de que eles conseguiriam se curar juntos. "Mas, no fim, ele não conseguiu trilhar esse caminho comigo e fico triste por isso". Embora ela mesma tenha achado possível progredir enquanto ainda estava no relacionamento, para ele não era o momento certo. Ela enviou-lhe um e-mail depois que eles se divorciaram, que foi um ponto de virada: "Eu agradeci a ele por passar aqueles anos comigo e por ser meu professor. Ele disse que entendia."

Na analogia de Thich Nhat Hanh com a jardinagem, quando você aprende a regar seletivamente as flores de amor e gentileza no seu jardim e no de seu parceiro, e no seu jardim compartilhado, vocês se tornam uma *sangha* (a palavra budista para comunidade) de duas pessoas. Juntos, vocês podem então proporcionar um refúgio para uma terceira pessoa, depois uma quarta, e assim por diante. Dessa forma, sua *sangha* crescerá. Como veremos nos próximos capítulos, a importância da comunidade em nos proporcionar situações problemáticas com as quais podemos aprender e crescer, e do suporte para nos ajudar a atravessar esses momentos difíceis, não pode ser subestimada.

Capítulo 10

Budas Familiares

O renomado professor espiritual contemporâneo, Ram Dass, disse certa vez: "Se você se acha iluminado, vá passar uma semana com sua família".[20] Quando voltamos ao ambiente familiar no qual crescemos, é fácil demais para o nosso conhecimento conseguido a duras penas e nossas formas mais desenvolvidas de ser voarem pela janela. Somos facilmente sugados de volta para os padrões de comportamento negativos que dominavam nos anos antes de deixarmos nossa casa.

Para completar, os membros da família têm uma habilidade extraordinária de pisar nos nossos calos. Esses calos são ideias ou assuntos aos quais você é particularmente sensível e, em geral, estão arraigados em algo que aconteceu quando você era jovem. Por exemplo, você fica maluco quando seu pai olha para você em choque por causa de seu penteado, ou apoia sua irmã a cada vez que ela faz uma referência àquele "acontecimento embaraçoso" de quando você tinha 12 anos. Os irmãos, em particular, aprendem desde cedo a pisar no calo um do outro – muitas vezes antes mesmo de reconhecer que eles têm um calo para ser pisado também! Quando adultos, a raiva e o rancor podem nos fazer pisar nos calos de outra pessoa de propósito. Um dos padrões mais destrutivos que podem surgir em um relacionamento é pisar nos calos intencionalmente. Isso não leva a nada, além de mais dor e infelicidade.

---

20. Disponível em: https://<www.ramdass.org/ram-dass-quotes/>.

No entanto, quando você desenvolveu um hábito de conscientização e aceitação e passou algum tempo se analisando, é um dom tremendo alguém pisar nos seus calos – como veremos em alguns dos exemplos a seguir. Ao fazer isso, essas pessoas focam uma área dentro de você que ainda pode ser perturbada. Quando você toma consciência de como elas tentam provocá-lo e dos sinais crescentes da sua reação habitual, existe uma chance de parar, reconhecer o que acontece e escolher como responderá depois.

Desenvolver-se e crescer como adulto é maravilhoso, mas situações problemáticas podem surgir quando aqueles na nossa família não veem nem entendem as nossas mudanças, e continuam a nos enxergar como éramos no passado. Lembro-me de muitas dessas situações com minha família e amigos. Na nossa infância, como bebês e crianças, todos nós desenvolvemos algum tipo de relacionamento com nossos pais. Mas, depois de crescermos e deixarmos a casa, nem todos dão o passo final e desenvolvem o relacionamento além de pai-filho. Você pode chamar isso de entrar na idade superadulta ou a verdadeira idade adulta. No caso de alguns, seus pais são suficientemente sábios para permitir que essa transição aconteça de forma natural. Mas, no caso de outros, eles podem permanecer mais ou menos presos no papel de filho na maior parte de sua vida, exaurindo velhos hábitos e padrões comportamentais com sua família e sofrendo muito como resultado.

Na minha experiência, dar esse passo final foi um pouco como um caranguejo trocando a casca. A pressão de se sentir confinado, limitado e preso em caminhos antigos é dolorosa. Para alguns, a motivação ou o desejo de mudar é tão forte que cria a energia de impulsionar o crescimento. Sair à força da concha às vezes pode ser até mais doloroso – e sei que algumas pessoas acharam doloroso demais e pararam aqui. Mas, se prosseguirmos, então a libertação da concha pode dar um alívio enorme. Com o tempo, com essa mudança, todas as partes podem crescer e encontrar uma nova base para o relacionamento. O processo de ajuste pode demorar um pouco e, embora possa criar seus próprios problemas, há muitas vezes uma sensação de que você está no caminho certo – por isso, parece salutar e libertador. Veremos os aspectos de todos esses estágios nos exemplos a seguir.

Os primeiros dois relatos destacam, mais uma vez, a importância de notar as sensações físicas que aparecem em torno de relacionamentos difíceis. Franco percebeu que as interações difíceis que tinha com seus pais contribuíram com um acúmulo de tensão e rigidez em seu corpo. Essa importante percepção é um lembrete visceral da inter-relação entre mente, corpo e emoções, e como a rigidez e a resistência podem se manifestar de muitas formas diferentes. Então, conheceremos Ruth, que percebeu o quanto ela ficou presa em pensamentos, enredos e culpa em relação a sua mãe. Mas, quando ela aprendeu a sintonizar-se com seu corpo, viu que isso interrompia seus padrões de pensamento habituais e deixou a culpa cessar. Isso então teve um efeito dramático em sua habilidade de se comunicar e se relacionar com sua mãe.

Desapego de tensões e ideias fixas

Franco lembra-se de ter uma boa infância e de ganhar tudo o que uma criança poderia desejar. Mas, ao tornar-se adulto, em todo momento ele falava para seus pais que ele acabou se sentindo ressentido, chateado e mal compreendido. "Eu os culpava por todas as minhas questões e ficava totalmente preso a isso." Se eles dissessem algo que Franco achasse desafiador, "ruminava sobre isso por muito tempo depois e ficava preso, completamente incapaz de desapegar". Ele se lembra de como sua mente encontrava caminhos, além de qualquer tipo de razão, para justificar todos esses sentimentos negativos.

Depois de Franco começar a praticar Zen e atenção plena, ele começou a examinar sua mente: "Percebi como tinha ficado preso no meu próprio mundo de ilusão. Minhas ideias fixas, visões e opiniões me aprisionaram em uma caixinha e, ao mesmo tempo, fiquei completamente incapaz de ver além disso". Nessa caixa, ele afirma que "sofreu em silêncio e se sentiu separado e solitário". Sua prática Zen e de atenção plena deu-lhe um modo de deixar essa caixa abrir. "Aos poucos, comecei a ver as inter-relações mais amplas que compartilho com meus pais, com os ambientes em que vivi e com todo o universo – uma inter-relação que engloba todo o universo, onde não há nada absolutamente pessoal, nenhum ganho e nenhuma perda."

Agora, quando ele interage com os pais: "Posso notar minhas emoções e os pensamentos negativos subjacentes emergindo, mas sei que não preciso mais reagir a eles, existe apenas o reconhecimento".

No ano passado, Franco começou a praticar mais ioga e *qigong*, e percebeu como seu corpo ficou rígido e inflexível. "No início, culpei os anos de corrida e ciclismo, mas comecei a perceber que pelo menos parte da minha rigidez vinha de me contrair todas as vezes que era confrontado por uma pessoa problemática – aos poucos meu corpo se contraía e fechava". Agora, cada vez que ele fala com seus pais, ou quando ele está na companhia de outros professores Budas problemáticos, tenta notar a tensão resultante surgindo em seu corpo e aceitá-la como apenas um de seus antigos padrões habituais. "Agora posso escolher relaxar conscientemente para que meu corpo possa começar a se abrir de novo." Franco sabe agora que, fundamentalmente, seu corpo reage assim porque algumas partes dele ainda percebem o mundo como separado. Ver por meio dessa delusão fundamental de separação está no cerne da prática Zen. "Quando agimos a partir da perspectiva de separação, então há algo que precisa de defesa, e algo que pode provocar rancor e machucar."

Hoje em dia, Franco é grato pelos sinais enviados pelo seu corpo que o lembram de todas as suas delusões. "Sou grato por todos os Budas problemáticos que 'acenderam' esses sinais ao longo dos anos, especialmente meus pais." Agora ele consegue verdadeiramente ver e apreciar como eles o amam, sempre o amaram, do seu jeito.

Morar em suas próprias sensações

À medida que Ruth crescia, ela nutria muita culpa em relação à sua mãe, pelas coisas que a mãe fez em sua infância e que a moldaram. Quando Ruth foi para a universidade, ela não voltou para casa conscientemente pensado durante todo o curso. Ela sabe que sua mãe ficou magoada com isso, mas Ruth queria menos contato possível. Ruth percebe sua mãe como alguém que "gosta de estar no controle e aproveita qualquer oportunidade para ficar no meu caminho e tentar influenciar minha vida". Ruth contou sobre essa fase prolongada em que a evitou: "Quando falávamos ao telefone, de vez em quando, eu era bem desagradável e rude, dizia-lhe que ela estava tagarelando e que eu já tinha ouvido tudo aquilo antes, e muitas vezes eu me distraía fazendo outras coisas ao mesmo tempo". Ela achava que esses encontros a incomodavam fisicamente, deixando-a com raiva. Essas respostas habituais, ela lembra, aconteciam sempre que as duas se falavam.

Alguns anos depois, quando Ruth começou a praticar o Zen, ela começou a analisar a natureza de seu sofrimento. "Eu via meus problemas com minha mãe de forma puramente intelectual no mundo dos conceitos e dos pensamentos." À medida que ela aprendeu a tomar consciência de suas sensações físicas sem julgar seus pensamentos, conseguiu se afastar da culpa. "A prática da conscientização interrompeu minhas reações costumeiras e proporcionou um espaço – não um espaço remoto e frio, mas um espaço substancial pessoal –, onde comecei a ver o miasma das coisas que surgiam em volta do meu sofrimento." Essa análise a fez se calar e realmente ouvir, por exemplo, "a sensação incômoda no meu estômago de que eu simplesmente não queria estar lá". Com o tempo, ela disse, "eu fiquei bem ciente de toda uma gama de sensações desconfortáveis no meu coração e na minha barriga".

O contato com sua mãe continuou a trazer frustração e incômodo, mas agora ela notava um pensamento novo – "que eu estava sendo uma não budista na forma com que me ressentia dela e a evitava". Ao deixar isso de lado como essencialmente outro julgamento, ela sabia que seu trabalho real estava em continuar a encarar seus sentimentos difíceis. "Meu desejo de deixar o lugar doloroso em que eu estava e desapegar do meu sofrimento me deu a motivação para manter minha prática." Ela começou a reconhecer alguns dos limites e dos muros que tinha construído em volta dos seus sentimentos e, quando aprendeu sobre trauma e começou a praticar ioga, concentrou-se em trabalhar com suas coisas em um nível físico.

"Briguei muito, mas muito, com esse processo. Foi um período turbulento e difícil na minha vida. À medida que eu aprendia a permitir e realmente viver as minhas próprias sensações com mais profundidade, achei que, em vez de reagir de forma negativa e me afastar, eu poderia, na verdade, me aproximar da minha mãe. Minhas respostas ásperas começaram a amolecer, e achei mais gentileza e compaixão." Ela experimentou outras maneiras de se comunicar com sua mãe que contribuem para interações mais administráveis, mas ainda significativas, como mensagens de texto e o envio de cartões-postais físicos.

Ruth decidiu considerar as ligações telefônicas com sua mãe um momento para praticar estar totalmente presente. "Ao planejar uma ligação, eu me certificava de ter um tempo adequado, deixava de lado quaisquer distrações e dava uma atenção total à minha mãe enquanto ela papeava." Ela percebeu que se comunicar com sua mãe sempre seria difícil, mas, como um resultado de seu trabalho, notou algumas mudanças reais. "Minha mãe comentou recentemente como eu estava legal com ela nesses dias." Ruth percebeu que sua mãe começou a retribuir essa gentileza.

Há não muito tempo, em um retiro Zen, o relacionamento mudou para um nível completamente novo. "Durante minha prática de meditação, consegui ver a forma original da minha mãe, seu verdadeiro estado, sem todos os acúmulos de sofrimento que vieram de sua criação e das limitações que ela teve durante sua vida." Depois dessa mudança, Ruth viu surgir uma compaixão completamente natural por sua mãe. "O esforço e a tentativa que estiveram lá antes não eram mais necessários. Comecei a ver minha mãe como ela mesma, reconhecendo seu humor inato. Consegui relaxar e bater papo com ela normalmente."

Há alguns anos, durante sua cerimônia de preceitos para se comprometer formalmente ao caminho budista, Ruth lembrou-se do momento em que lhe pediram para fazer uma reverência aos seus pais. "Eu fiz a reverência na época, mas sem de fato ter a intenção." Mais recentemente, ela teve um desejo avassalador de forma genuína reverenciar seus pais. "Então, perguntei para meu professor se poderia fazer a reverência de novo na frente dele, e dessa vez eu realmente tinha essa intenção."

No próximo relato, veremos como as dificuldades no relacionamento de Henry com seus pais vinha da busca, em vão, por aprovação de algo que ele fazia. Como resultado, ele achava que tinha de mentir e as coisas ficaram desconfortáveis. Com sua introspecção, percebeu que as dificuldades que tinha com seus pais refletiam, na verdade, suas próprias inseguranças sobre como ele se via e quem queria ser.

Chegando a um ponto em que o Zen não existe

Henry pratica Zen há dez anos, desde os 25 anos. Por muito tempo, ele sentia a necessidade de sua espiritualidade ser vista e reconhecida – especialmente por seus pais. "Meus pais sempre viram meu interesse pelo Zen com preocupação e confusão. Eles nunca queriam falar sobre isso, e na maior parte do tempo evitavam realmente o assunto." Seus pais eram ateus e Henry achava que eles provavelmente tinham preconceitos contra qualquer religião ou prática espiritual. "Eu não poder falar sobre a prática fez disso uma 'coisa' real, e destacou o fato de que não nos relacionávamos – mesmo se eu quisesse." Como resultado, Henry se viu mentindo para seus pais sobre o que fazia, dizendo que estava trabalhando, em vez de estar em um retiro, criando uma desconexão clara entre o que ele dizia e como ele era.

Quando eles conseguiam falar sobre isso, parecia algo desconfortável. "Eles diziam uma coisinha que me aborrecia muito, como um comentário sobre a meditação parecer ser um pouco egoísta, e isso realmente me chateava por um tempão." Ele ficava incomodado em se aborrecer porque, pensou, "a prática Zen deveria trazer paz". Ele continuou: "Parecia-me que isso evidenciava a hipocrisia completa da coisa". As dúvidas eram muitas. O que também o chateava era por que motivo Henry ficava tão frustrado com o que seus pais diziam quando uma parte dele concordava. "Por que isso chamaria tanto minha atenção, se eu não acreditasse nisso de algum modo?"

Henry pode ver agora que tudo isso foi um grão positivo para o moinho da sua prática. Aos poucos, ele percebeu que não era necessariamente sobre eles, mas, sim, sobre suas próprias atitudes e crenças. "Eu não me relacionava com a vida muito bem. Percebi que deveria haver algo de errado com a forma como eu via as coisas."

Ele refletiu sobre como seus pais o "desafiavam regularmente sobre como eu via o Zen e como eu me relacionava com ele – apenas por serem quem eles eram". Uma grande mudança aconteceu depois de um desses desafios. "Depois de eu responder para minha mãe com algo como 'eu só quero conversar sobre Zen', disse: 'sabe, provavelmente no futuro, o Zen se tornará apenas o que você é e não terá de falar mais sobre isso". Henry lembra-se de achar isso surpreendentemente compreensivo. "Ela acertou em cheio, porque eu sabia que queria que isso se tornasse uma parte completamente integrada de quem sou, não algo especial ou diferente".

Quando perguntei se ele tinha atingido o ponto onde "não existe essa coisa do Zen", Henry disse: "Estou chegando lá...!" Ele acrescentou: "Parece cada vez menos como algo que poderia ser perdido ou até definido. Entendo agora, em um nível muito mais empírico, no qual não fiz tanto antes". Ele acha que não fala mais tanto sobre isso com seus pais. "Não tento convencê-los nem explicar a prática para eles, como costumava fazer. Eles me veem meditando, mas não questionam." Henry lhes disse que, se ficassem preocupados com o que o Zen faz com ele: "Apenas prestem atenção em como sou – se estou me tornando uma pessoa melhor, mais gentil, então estou indo bem!" Até agora seus pais não reclamaram.

Os próximos dois exemplos centram-se na angústia de querer que as coisas sejam de uma certa forma quando elas simplesmente não são ou não podem ser. No primeiro, Clive descreve como ele sentiu que só poderia ser feliz se conseguisse curar seu relacionamento com seus pais, mas encontrou uma forte resistência quando tentou discutir seus problemas com eles. Então, analisando minha própria vida, descrevo como eu queria que minha mãe fizesse coisas que ela simplesmente não seria capaz de fazer. Veremos como Clive e eu, gradativamente, fizemos as pazes com quem nossos pais eram e aceitamos nossas respectivas situações. No meu exemplo, descobri que tinha de passar por um processo de luto pela perda da pessoa que eu quis que minha mãe fosse. Em ambos os exemplos, o resultado dessa aceitação foi uma sensação mais intensa de liberdade e tranquilidade. Depois de reconhecermos que não tínhamos o poder de mudar nossos pais, foi importante para nós, da mesma forma, encontrar maneiras de fazer o relacionamento funcionar, contornando as áreas da dificuldade. Essas técnicas possibilitaram que apreciássemos nosso tempo juntos com nossos pais enquanto diminuíamos o sofrimento.

Conscientização e autoaceitação

Clive é o caçula de quatro filhos e, enquanto crescia, sentia-se como o "menos importante no grupo". De sua perspectiva adulta atual, ele reconhece: "Com a situação da minha família, devo ter aprendido desde cedo a enterrar meus sentimentos e me tornar alguém diferente. Quando me tornei adulto e fui para a universidade, desejei que alguém apenas pudesse ver através da minha máscara e ouvir o que eu não conseguia dizer". Durante esses anos, ele nutriu uma grande amargura e ressentimento por seus pais, e se sentiu totalmente invisível e solitário.

Com a ajuda de um psicoterapeuta, Clive começou a reconhecer as raízes de sua dor e do seu sofrimento na infância. Apesar da dor, ele teve uma sensação de alívio só de identificar as questões com as quais sofria. "Eu cheguei a um estágio no qual eu sentia que só poderia ser feliz se curasse meu relacionamento com meus pais – o que me colocava em um tipo de dependência deles." Com um anseio desesperado por cura, ele passou por um período em que os contatava e tentava discutir seus sentimentos com eles. No entanto, em resposta, Clive via em seus pais uma má vontade evidente de examinar ou discutir seu comportamento passado e, aos poucos, sentiu que "não era saudável continuar nessa direção".

A virada real veio quando percebeu que, para se curar, Clive não precisava discutir as razões do que tinha acontecido quando ele era criança. "A cura poderia acontecer com a conscientização e a autoaceitação, sem o envolvimento dos meus pais." No início, com a ajuda de seu terapeuta, depois com a prática da atenção plena e do Zen, ele explorou como era sentir a dor fisicamente, em seu corpo, sem se comprometer com os pensamentos e os enredos associados.

Com o tempo, ele ganhou cada vez mais confiança para pôr em prática as técnicas de conscientização, aceitação e não julgamento. Aos poucos, Clive começou até a desfrutar de uma sensação de liberdade dentro de si. "Em um completo contraste às conversas premeditadas, censuradas ou avaliadas que sempre tive com meus pais no passado, vi que conseguia falar com mais liberdade e tranquilidade com eles."

Ao refletir sobre o passado, as mudanças no relacionamento de Clive com seus pais foram lentas e às vezes difíceis de ver. "Mas com certeza os altos e baixos se acalmaram aos poucos." Em um nível prático: "Eu descobri que me retirar para um lugar silencioso por 30-60 minutos antes e depois de cada encontro com eles ajudava incrivelmente". Ele dedicava esse tempo para perceber os efeitos físicos do sofrimento que vinham ao estar com seus pais. Clive deu a essas sensações o espaço para apenas estarem lá. "Foi como criar um contêiner em volta desses encontros para me dar uma chance de limpar qualquer sofrimento restante antes de retornar à minha vida normal." Mais tarde, ele também começou a introduzir pequenos espaços adicionais durante o dia, principalmente em torno de interações difíceis, para se dar uma oportunidade de realmente se sintonizar com seus sentimentos, deixá-los aparecer e deixar as coisas se assentarem. "Embora eu sempre odiasse os Natais com meus pais, usando essas técnicas descobri que comecei a gostar dessas festas um pouco."

Uma grande mudança veio quando ele reconheceu que a dor que sentia não era só pessoal ou autocentrada, mas também tinha um tipo de natureza impessoal ou coletiva. "Minha visão se abriu, de apenas ver a mim e minha própria dor, a algo muito mais amplo – o sofrimento inter-relacionado de todo o mundo. De repente, as coisas ficaram mais simples e encontrei uma profunda nascente de compaixão." Uma compaixão que transcendia ele mesmo e seus pais, indo para além do indivíduo.

Embora Clive tenha notado uma satisfação crescente em seu relacionamento com seus pais, eles continuam a ser seus professores. "Só que as lições que eles ensinam parecem muito mais exequíveis!" Ele ainda tem muitas reações corporais sempre que está com os pais, mas aprendeu a lidar com elas com mais habilidade. "Encontrar tempo e reconhecer e aceitar de verdade tudo o que sinto requer esforço e disciplina, e uma forte intenção de permanecer aterrado." Mas, com o tempo, suas habilidades e experiência com as práticas cresceram, assim como sua fé e confiança nelas. "É muito mais fácil sair de uma mentalidade reativa para uma mais estável e expansiva, na qual posso evitar me envolver nos enredos que circulam por aí." Clive notou que se sentia, em geral, mais estável e pacato, e mais capaz de ser ele mesmo e ficar calmo nas interações.

Querer que minha mãe fosse normal

Como mencionei antes, quando eu tinha 13 anos, minha mãe e meu padrasto envolveram-se em um acidente de carro. Meu padrasto morreu, e minha mãe precisou amputar as duas pernas e um braço. Como resultado, não tive muitas chances de ser um adolescente. Minha mãe fez seu melhor para cuidar de mim e da minha irmã, mas estava limitada no que conseguia fazer. Muito da minha energia emocional e atenção eram dedicadas em ajudar minha mãe a viver sua vida, bem como navegar pelos desafios cotidianos de ir e voltar da escola. Quando comecei a psicoterapia e a prática Zen, no meio dos meus 20 anos, comecei a perceber que desenvolvera um desejo desesperado de que ela fosse como uma mãe normal. No início, reconheci apenas uma frustração geral. Com o tempo, comecei a ver mais especificamente que eu ansiava por um toque físico dela (ela nunca foi uma pessoa naturalmente tátil e sua invalidez – principalmente com a cadeira de rodas – impedia isso ainda mais). Eu queria que ela fosse capaz de fazer coisas comigo, vir me visitar na universidade, estar mais disponível emocionalmente e ter mais tempo livre. Não importava o quanto eu entendesse intelectualmente por que ela não conseguia me dar o que eu queria; eu queria mesmo assim.

Eu também desejava que ela participasse da vida o máximo possível – aproveitar as coisas ao máximo. Em diferentes ocasiões, eu e minha irmã tentamos fazê-la ir ao teatro, à praia, acampar ou fazer longas caminhadas no bosque – tudo o que fosse tecnicamente possível, mas difícil, para ela. Até algumas coisas que pareciam bem fáceis – como ir a um teatro bem adaptado – eram tão estressantes para ela que a ansiedade superava qualquer prazer que teria nisso, de tal forma que, para minha mãe, a experiência geral seria negativa.

Demorou muito tempo para ela aceitar o que poderia ou não fazer – mas acho que demorou ainda mais para mim e para minha irmã. Quando consegui reconhecer o que esperar (e o que não conseguiria ter) desse relacionamento, as coisas começaram a se acalmar devagar. O processo de aceitação levou muitos anos, e foi como um luto pela perda da pessoa que eu queria que ela fosse. Aos poucos, percebi que teria de encontrar as coisas que buscava dela em outro lugar.

Com o tempo, nosso relacionamento atingiu um ponto que era confortável e divertido. Aprendi a negociar nosso tempo juntos de modo que evitássemos, em geral, as questões mais problemáticas e intratáveis. Eu limitava minhas visitas a alguns dias no máximo, e fazia meu melhor para não esperar nada dela. Isso significava que eu realmente apreciava quando ela se esforçava – como gastar umas cem libras contratando um táxi adaptado para cadeira de rodas para vir assistir à minha cerimônia de formatura (apesar do estresse enorme que ela deve ter tido), ou fazer um esforço especial quando minha esposa veio passar um Natal conosco.

Todo esse processo de aprender a desapegar de quem eu queria que ela fosse e aceitar quem ela era foi uma lição enorme para mim sobre como a vontade e o desejo criam sofrimento. Por fim, vi como minha ideia de quem eu queria que minha mãe fosse me impedia de vê-la como ela realmente era, e como isso servia apenas para atrapalhar nosso relacionamento.

Isso não quer dizer que eu não continuasse a lutar com querer o que ela não poderia me dar até o dia em que ela morreu. Eu de fato esperava que ela estivesse disposta a passar o Natal com a família da minha esposa em algum momento. Ela resistia, sabendo que as dificuldades com a logística e em encontrar banheiros tornariam tudo estressante. Mas eu estava ciente de que uma parte de mim ainda desejava isso.

Até agora, ouvimos relatos de pessoas que tiveram relacionamentos problemáticos com os pais. Os dois exemplos seguintes centram-se em irmãos problemáticos. O exemplo de Michelle ilustra mais uma vez a importância de reconhecer quando ficamos presos em pensamentos e enredos – sobre quem disse o que, por que a pessoa disse o que fez e raciocinando o que deveria ser feito depois –, e, em vez disso, mudar nossa atenção para o corpo e nossas sensações. Só quando conseguimos nos sintonizar com nosso corpo, podemos esperar expressar com honestidade o que sentimos. Então, conheceremos Paul e a saga que se seguiu à morte de seu pai. Paul descobriu como era importante reconhecer que cada um de seus irmãos e parentes tinham uma perspectiva diferente e desapegar dos diversos enredos, narrativas e opiniões sobre quem estava certo. Ele, por fim, descobriu que precisava apenas aceitar o que tinha acontecido, por mais doloroso e confuso que fosse.

Manipular uma pessoa problemática

Michelle sempre achou sua irmã mais nova incrivelmente irritante. "Ela estava sempre pisando nos meus calos de propósito e me perturbava apenas para tentar e conseguir me tirar do sério." Michelle descobriu que sua prática Zen ajudava a lidar com a perturbação da irmã. No entanto, enquanto recentemente elas estavam conversando sobre algo bem superficial, a energia da conversa cresceu aos poucos: "Eu sentia que minha irmã me provocava, que ela procurava briga. Em algum momento, eu perdia a paciência e me deixava levar. Enviava para ela uma mensagem de texto desprezível, mas, assim que enviava, eu caía em mim". Michelle reconheceu: "Eu ficava completamente presa na minha cabeça – envolta em pensamentos sobre como minha irmã estava sendo difícil e reagindo a ela por hábito".

Ela percebeu que vinha tentando "estudar" a melhor forma de lidar com a irmã e manipular a situação, em vez de expressar seus sentimentos com honestidade logo que eles aparecessem. Michelle me disse: "Essa situação me lembrou de que precisa de alguma força para se ficar presente, ser autêntica e verdadeira, à medida que a energia de uma interação problemática aumenta. Também demora para sentir e aprender estratégias diferentes para difundir a situação dentro de mim e na interação – especialmente quando há velhos hábitos potentes em jogo".

Um enorme racha na família

O pai de Paul morreu há alguns anos. Durante o período, logo antes e depois da sua morte, sua irmã Joan fez várias coisas que Paul achou extremamente problemáticas. Primeiro, ela deixou de ir ao casamento do seu irmão para visitar seu pobre pai e, enquanto Joan estava lá, Paul achou estranho e difícil ela não ter mandado nenhuma atualização sobre o estado dele (como ele queria que ela fizesse). Ela então anunciou que, quando chegasse a hora, não iria ao velório.

Quando Paul recebeu a notícia de que seu pai estava perto do fim, ele pegou o primeiro trem. "Durante a viagem, recebi uma ligação de Joan me perguntando por que eu estava indo. Achei essa pergunta e o comportamento dela na ocasião desafiadores. Então, recebi uma mensagem dizendo que Joan mudara de ideia e estava viajando para estar lá também." No meio disso tudo, Paul ficou grato, pois, no momento da morte do pai, todos os quatro irmãos estariam ao lado do genitor em seu leito.

Mais tarde naquela noite, houve uma discussão na qual, ao contrário das ocasiões anteriores, Joan ficou do lado da madrasta de Paul, Jenny. Enquanto as pessoas saíam, um primo puxou todos os irmãos de lado e contou-lhes que Jenny tinha mandado fazer uma alteração no testamento de seu pai, não muito tempo antes de ele morrer, e que agora tudo ficara para ela. Paul disse: "Por mim tudo bem, já que eu não ia herdar muito de qualquer forma". Mas Joan agora estava inflexível ao acreditar que não era o que o pai deles queria. Ela lhes falou que o pai havia dito para ela que ele queria deixar tudo para os netos. Sentindo-se confuso e magoado, Paul cogitou com seus irmãos que eles poderiam ter de contestar o novo testamento, de modo que concordaram que ele tiraria algumas dúvidas iniciais com advogados da área em nome da família. Nos dois meses seguintes, Paul começou a fazer isso, mas ficou surpreso ao ouvir que muitos dos advogados que ele havia contatado já tinham falado com Joan nas semanas anteriores. Feliz com a possibilidade de que eles contestassem o novo testamento, Joan agora afirmava que o pai tinha prometido que ela herdaria tudo.

Paul admitiu que os atos de decepções e a suspeita de Joan provocaram um racha enorme na família. Por cerca de um ano, Paul se esforçou muito para processar isso tudo. Ele se perguntava o que fazer e se poderia deixá-la se safar disso. Uma vez que a decepção aparente veio à luz, Joan parou de falar com qualquer um dos outros irmãos, e Paul entrou em um longo período de grandes dificuldades na sua vida pessoal.

Nessa época, Paul envolveu-se com ainda mais seriedade com a meditação e a prática Zen. Ele começou a tentar entender e trabalhar seus próprios sentimentos, e a examinar as várias percepções diferentes de cada membro da família. "Depois de inicialmente culpar Joan, vi que suas ações não foram direcionadas para mim especificamente. Ela só tinha uma visão diferente." Esse, Paul vê, foi o primeiro passo que ele deu na direção de um ponto de vista mais sensato – e percebeu que outras pessoas têm suas próprias perspectivas. Por volta dessa época, Paul ficou impressionado com uma frase de um livro do mestre Zen contemporâneo Thich Nhat Hanh, que diz que você não pode amar alguém se não o conhecer verdadeiramente. Então, Paul escreveu a Joan: "Na carta expressei meus sentimentos de luto por uma irmã, que eu desejava que as coisas tivessem sido diferentes e que era difícil de entender o que ela fez". Ele pediu para encontrar-se com Joan para ouvir a parte dela da história. Joan concordou em encontrá-lo para tomar um café.

Durante o encontro, Paul disse: "Eu consegui incorporar as habilidades e práticas do Zen, e falar sobre meus sentimentos sem um senso de julgamento sobre as ações de Joan". Paul vê isso como seu segundo passo para uma abordagem mais sensata – para ouvir. No entanto, Joan evitou suas perguntas e redirecionou a conversa para longe do que tinha acontecido. Quando eles se separaram, Paul ficou desapontado. "Nos anos seguintes, lutei para lidar com todos os deveres – por exemplo, ela é minha irmã e devo amá-la, e devo tentar com mais afinco".

Gradativamente, Poul percebeu que a tinha encontrado com uma atitude crítica; que, se o que ela dissesse e como ela explicasse fosse bom o bastante, então ele poderia perdoá-la. "Se eu tivesse de entendê-la antes de perdoá-la, então o perdão é condicional." Paul não queria passar sua vida esperando por uma explicação de suas ações ou nutrindo mais sentimentos negativos por ela. "Então, eu a perdoei e isso me permitiu começar a ser capaz de simplesmente desejar seu bem."

Agora Paul avalia que seu relacionamento não pode mudar "sem que ela dê algum passo para aceitar e assumir a responsabilidade por suas ações". Ele percebeu "como o comportamento dela quando nos falamos não ajuda e muitas vezes cria mais dificuldade e dor". Então, Paul também vem trabalhando para desapegar de seu desejo de ter um relacionamento diferente. "É difícil quando você quer que alguém seja mais feliz do que a pessoa se permite ser".

Para Paul, parece que Joan continuou presa em uma atitude de carência – cheia de medo e da necessidade de apego às coisas. Ele sabe que Joan não é uma pessoa terrível e menos humana do que qualquer outra. Na verdade, ele disse: "Reconheço bem essa mentalidade de carência e de medo em mim. Só que ela aprendeu certos comportamentos por causa de seu conjunto particular de circunstâncias da vida que se desenvolveu na nossa família". Agora já faz mais de dez anos desde que seu pai morreu, e nesse momento Paul descobriu o terceiro passo para uma abordagem mais sensata: "Desapegar de todos os enredos, desejos e anseios, e apenas aceitar as coisas pelo que elas são".

Os últimos quatro exemplos neste capítulo centram-se nos filhos (que, vamos falar a verdade, são Budas problemáticos na maior parte do tempo!). Uma das coisas que eles nos ensinam é como estar presentes. Os filhos – especialmente os mais novos – vivem no momento presente. Eles não se preocupam com o futuro, assim como não se preocupam com nada que não esteja na frente deles naquele momento. Nesse sentido, são pequenos mestres Zen fantásticos, que personificam uma verdadeira "mente de principiante" em tudo que fazem (Shunryu Suzuki falou sobre isso em seu livro *Zen Mind, Beginner's Mind*). Mas isso não os impede de ficarem frustrados, difíceis, incompreensíveis ou totalmente maldosos. Quando ficam mais velhos, pode parecer às vezes que eles ficam cada vez mais problemáticos. Mas continuam a nos dar lições profundas de várias formas – e nos mostram como encontrar paciência, humildade, confiança e o que é o amor incondicional.

Para começar, veremos como um conflito com o marido de Sarah, sobre um presente de Natal para um de seus filhos, deu a ela a oportunidade de refletir profundamente sobre suas crenças e atitudes. Depois, conheceremos o Antonio. Como acontece cada vez mais hoje em dia, um dos filhos já adultos voltou a morar na casa da família e, ao fazer isso, criou para ele uma oportunidade maravilhosamente problemática para crescimento e aprendizado. Nos dois exemplos, foi com esse reconhecimento e aceitando as respostas físicas desconfortáveis e os turbilhões mentais associados que surgiram algumas percepções importantes sobre suas responsabilidades parentais e o que significa o desapego de querer que as coisas aconteçam de certa forma.

A possibilidade de você estar errado

Desde que Sarah começou a meditar e praticar o Zen, ela notou como suas atitudes vinham sendo difíceis e fixas, particularmente com respeito ao seu marido e às responsabilidades parentais dos dois.

"Quando começamos a estabelecer limites e regras para nossas crianças em crescimento, descobri que as diferenças entre minha infância e a do meu marido começaram a causar atritos. Ele veio de uma família conservadora, rígida e bem religiosa, com um forte senso de dever, ao passo que minha família era liberal, ateia e bem relaxada em termos de regras." Ela tomou consciência de que os padrões comportamentais que conheceu quando criança agora apareciam em seus cuidados maternais.

No início, os dois assumiram uma postura decisiva: "Eu estou certo, você está errado", e reagiram energicamente às atitudes um do outro. "Depois, quando comecei a meditar e olhar para dentro de mim, comecei a considerar a possibilidade de que eu não poderia estar certa em todas as circunstâncias." Um exemplo se destaca em particular, quando ela e seu marido tiveram uma grande discussão sobre um presente de Natal que eles compraram para um de seus filhos. "Enquanto eu estava sentada sozinha no carro meditando, me dei conta de que eu tinha apenas 95% de certeza de estar certa. Enquanto eu estava sentada com a possibilidade de estar errada, fiz meu melhor para não reagir, mas apenas observar a abundância de respostas no meu corpo." Ela admitiu que "neste caso, eu estava errada".

Depois de enfrentar críticas ou ter suas opiniões ou crenças desafiadas, Sarah confessou que seu padrão normal era ficar amuada. "Com o tempo, eu via como isso era improdutivo e autoindulgente." Olhando em retrospecto, ela ri ao lembrar como costumava fazer isso com tanta frequência.

Ela se lembra de que: "uma grande mudança veio quando percebi que meus pensamentos não são necessariamente a verdade". Antes disso, apenas acreditava em seus pensamentos sem questionar. Sarah acha extraordinário ela ter chegado tão longe na vida sem perceber isso. Antes da atenção plena e do Zen, seu único encontro com uma tentativa de entender sua mente foi aos seus 20 anos quando, depois de um período particularmente estressante, ela assumiu um esquema de aconselhamento profissional. Sarah disse que a extensão do que ela aprendeu foi esmurrar um travesseiro quando se sentia frustrada.

Ela me falou: "Os pensamentos negativos muitas vezes são gerados como resultado de padrões e crenças usuais; eles são a crise de muitas das nossas ansiedades". Ela também viu como muitas das discussões entre ela e seu marido eram estimuladas por esses tipos de pensamentos habituais. "Foi uma descoberta surpreendente!" Ela continuou: "Desde então, tentei torná-la parte da minha prática para tentar me policiar quando meus pensamentos e percepções começam a me levar a um endurecimento da minha postura". Sarah disse que tenta reconhecer, permitir e aceitar esses sentimentos e atitudes, e vê-los como apenas uma visão de "que pode estar errada". Ela percebeu: "Há mais nisso do que apenas estar certo!"

A grande muralha do vácuo

Quando os filhos crescem e tornam-se adultos, a natureza do relacionamento parental muda. Os filhos de Antonio estão todos na faixa de 20 anos. Depois de deixar a casa para estudar na universidade, seu filho mais novo, Sebastian, voltou – e, desde então, tornou-se um dos professores problemáticos mais proeminentes de Antonio.

Não importa o quanto Antonio e sua esposa tentassem, "parece que neste ponto da vida dele, Sebastian simplesmente não está interessado em se conectar e conversar conosco em qualquer nível, além do puramente prático". Antonio continuou: "Eu tinha emoções e experiências que queria compartilhar com Sebastian, mas tudo o que eu recebia era 'a grande muralha do vácuo,'". Como pais, não conseguir entender o estado emocional de Sebastian os preocupava. "Não sei se deveríamos ter uma preocupação genuína ou se eram apenas seus hormônios – ou se Sebastian está apenas reagindo contra ter de viver conosco de novo. Ele tem amigos e é bom com os outros – apenas não é conosco." O único momento em que Sebastian conversa é quando ele repreende um dos pais por fazer algum comentário sem pensar direito e com o qual ele não concorda. Antonio se questiona se ele apenas precisa recalibrar suas expectativas: "Afinal, a natureza do relacionamento de um pai com seu filho é que ele muda sempre com o passar dos anos, e as coisas podem facilmente ficar emperradas (nos dois lados) sem essa recalibração regular". Antonio me disse que o que dá alguma confiança e consolo a ele e sua esposa é que, durante esse período, eles podem pelo menos oferecer a Sebastian abrigo, boa comida e um ambiente confortável onde viver.

Por meio de sua prática de meditação, Antonio começou a notar cada vez mais a resposta física ao ser regularmente confrontado pelo "comportamento desafiador" de Sebastian – na forma de tensão muscular e uma sensação crescente de calor. "Eu fiquei surpreso em descobrir o número de narrativas e histórias que eu vinha carregando sobre como vejo minha família e a mim mesmo." Ele notou suas tendências em querer consertar os problemas dos filhos, e impedir que eles cometam os erros que ele cometeu. Mas, ele disse: "Cada vez mais fui capaz de colocar esses desejos de lado e criar espaço para meus filhos crescerem, cometerem erros e serem eles mesmos". Ele sabe que deve desapegar. "Eu tenho de confiar que, em nossos anos de cuidados, tenhamos incutido nos nossos filhos um conjunto saudável de valores e atitudes, a partir dos quais eles podem tomar suas próprias decisões." Ele acrescentou: "Mas fazer isso, enquanto muitas vezes eu tinha de lavar as meias sujas de Sebastian, tem sido desafiador!"

A natureza búdica manifestou-se com clareza para Antonio por meio de sua família. "O nascimento de Sebastian há todos esses anos me lançou em um imediato senso de conexão com meu próprio pai e avós." Ao longo dos anos, isso me abriu a uma visão intergeracional mais ampla na vida. "Para mim, foi um processo de aceitar a natureza caótica e imprevisível da vida familiar, e encontrar um valor profundo em seu 'jeito de ser'. Parece que foi apenas por meio de mim e deixando a família ser como ela é que muitos dos valores que herdei dos meus pais, e eles dos pais deles antes, foram transmitidos a Sebastian e aos nossos outros filhos." Esse fluxo natural, quase inevitável, de conexão dá a Antonio uma sensação de unicidade com eles e com sua família por todas as gerações passadas e futuras, e decerto por todo o universo. "Com isso, vem um senso definido de algo que vai além da vida e da morte."

O próximo relato descreve o árduo relacionamento de Lizzy com seu filho, a começar pelo dia em que ele nasceu, e os desafios que ela enfrentou enquanto o filho crescia. Levada por seu amor maternal profundo, Rizzy ficou ao lado dele em todas as circunstâncias. Nessa jornada, seu filho ensinou a ela várias lições importantes sobre a maternidade, incluindo como é importante cuidar de si mesma para ficar forte e como lidar com a incerteza. Com sua vontade honesta de olhar para dentro de si, ela pôde descobrir várias noções que mudaram dramaticamente o curso de suas vidas.

Descoberta da luz de Buda

Lizzy teve seu primeiro filho quando era bem jovem. Foi um nascimento doloroso e traumático, e depois ela achou dificílimo criar laços com o bebezinho. "Eu apenas não conseguia ter aquele sentimento materno exaltado." Olly, quando bebê, era cheio de vida e, como ela afirma: "dinâmico (levado!) e claramente inteligente", mas ele gritava muito e estava sempre doente. Por toda sua primeira infância, ele entrava em hospitais e saía deles com problemas renais.

Como o pai de Olly não era presente e Lizzy morava longe de sua família e amigos, ela se sentiu isolada e solitária. "Eu reconheci os sinais de depressão, mas morria de medo de que, se eu fosse oficialmente diagnosticada e tivesse de ir para o hospital, Olly seria retirado de mim. Então, me automediquei com antidepressivos." No entanto, eles a deixavam entorpecida e robótica, o que aumentava seu temor de que ela estava sendo uma péssima mãe. "Por anos lutei para ter uma boa noite de sono e sentia que todos os problemas de Olly eram culpa minha."

Aos nove anos, descobriram que o fígado de Olly produzia toxinas que o deixavam doente. Esse diagnóstico e o tratamento posterior tiraram um peso enorme da mente de Lizzy, mas nesse ponto as muitas engrenagens já tinham sido colocadas em movimento. "Ele continuava a se comportar mal e era uma pessoa bem difícil em casa." Como seu pai não queria nada com ele, ela pensava, era como se Olly se sentisse abandonado. "Ele parecia um peixe fora d'água na escola por causa do seu comportamento, sempre sendo maldoso e se metendo nas encrencas mais malucas." Ela se lembra de se sentir cansada demais conversar com professores para,e, como resultado, culpada de não o defender o suficiente.

Olly tornou-se um adolescente problemático que mentia, roubava e continuava a se meter em encrenca. Embora Lizzy tenha descoberto muito tempo depois, ele começou a experimentar drogas por volta dos 13 anos de idade. "Eu sentia um amor sofrido por ele, mas realmente não fazia ideia de como ajudá-lo." Seu relacionamento assumiu uma dinâmica de cabo de guerra e, embora ela o amasse, muitas vezes ela tinha dificuldade de realmente gostar dele. "Olhando em retrospecto, eu me vejo agora um pouco inocente, sentindo-me zonza e confusa e sem saber nada do mundo das drogas."

Olly saiu de casa aos 17 e se tornou um sem-teto. Lizzy estava desesperadamente preocupada com ele, mas novamente não sabia como ajudar. "Às vezes, eu conseguia levar comida para ele, oferecer um pouco de dinheiro ou pegá-lo no hospital, mas em outros momentos eu realmente não queria nem chegar perto de Olly, porque era assustador." Ele não conseguia segurar emprego, mentia e manipulava as pessoas por causa da sua dependência de drogas. "Eu caí em um estado debilitante de vitimismo egocêntrico, e perguntava, desesperada, 'por que eu?' e 'por que meu filho?'" O pai de Olly lhe disse que ela deveria ignorá-lo, que não valia a pena dar atenção a ele, "mas eu simplesmente não conseguia fazer isso", afirma.

Lizzy começou a praticar Zen quando Olly tinha 20 anos. Para começo de conversa, ela achava difíceis demais quaisquer práticas de meditação que envolvessem uma conscientização franca: "Minha atenção era tomada por uma preocupação doentia com Olly que muitas vezes progredia para pensamentos catastróficos". Para dar à sua mente hiperativa algo mais concreto e positivo em que focar, ela começou a visualizar Olly inundado pela luz e cercado por pessoas que o amavam. Um dia, depois de terminar uma corrida ao lado da Muralha de Adriano, ela entrou em uma loja e um livro sobre Budismo literalmente caiu na sua cabeça. Ela conta: "Eu me lembro de ler algo como: 'a sua luz búdica está dentro de você, embrulhada em um pacote de trapos imundos. Seu trabalho é tirar os trapos dessa joia de natureza búdica'. Reconheci Olly na mesma hora, só que era pior do que trapos – era um monte de merda". Sua luz búdica estava lá em algum lugar, ela sabia que estava. Lizzy via seu trabalho tirá-la de lá e ajudá-la a brilhar.

Descobrir a luz búdica de Olly acabou sendo uma jornada de autodescoberta e de crescimento. Refletindo agora sobre o passado, ela diz: "Olly me ensinou que ficar brava e gritar não funciona, e é importante encontrar um momento para parar e reformular minhas emoções intensas antes de responder". Ela continuou dizendo: "Ele me ensinou a importância de tomar conta de mim mesma para que eu estivesse forte e centrada para ele quando fosse necessário". Essa foi uma lição longa e dura, refletiu, visto que Olly sempre foi completamente o centro da atenção ansiosa dela; mesmo cogitar cuidar de si mesma de qualquer forma a irritava. "Ele me ensinou como ficar com a incerteza – sabendo que a incerteza às vezes é o melhor lugar para se estar. E ele me ensinou como sair da minha mentalidade de vítima e a pedir ajuda sem ter vergonha." Ela se surpreende que o alcance de Olly tenha sido muito maior do que ele imaginaria.

Mais recentemente, Lizzy aprendeu o valor profundo de ouvir com uma presença não crítica – resistindo à tentação de tentar e consertar as coisas ou dar conselhos, na verdade nem mesmo pensando sobre isso –, apenas oferecendo o dom da presença. "Quando consegui ouvir Olly dessa forma, pude ver que ele respondeu diretamente e até mesmo disse que consegue encontrar mais clareza e tomar melhores decisões. Na minha visão, esse tipo de escuta atenta e receptiva é a única maneira de realmente ajudar alguém." Embora antes ela fosse impaciente e repudiasse o sofrimento dos outros, perceber a natureza búdica inter-relacionada em todas as coisas lhe permitiu encontrar um profundo amor empático e um desejo para todos os seres se libertarem do sofrimento. Lizzy considera que ela sempre subestimou a determinação, a inteligência e a capacidade de gentileza de Olly. "Quando estava usando muitas drogas, ele não era legal, mas esse não era realmente ele." Pensando em sua joia de natureza búdica oculta sob as camadas de seu comportamento – uma natureza, observou ela, "que ela compartilha com ele, e com todos os outros seres" –, "ensinou-me o que significa amar incondicionalmente".

Esta jornada ajudou Lizzy a desenvolver uma confiança no universo, sabendo que as respostas sempre aparecerão quando ela ouvir de verdade. Lizzy agora se sente muito grata por Olly e por todas as lições que ele ensinou para ela. Embora ela o veja apenas periodicamente, quando ele se aproxima, ela reconhece sua luzinha búdica começando a surgir. Olly está menos bravo e reconhece mais que o mundo também tem pessoas legais e experiências boas para desfrutar. "Estou tão orgulhosa dele."

Eu gostaria de encerrar este capítulo com um tom mais leve, e compartilhar com você este último exemplo da Cheryl. Nele, Cheryl descreve como seu filho ensinou-lhe o valor da diversão, e como você nunca está ocupado demais para parar e rir.

A alegria de ser bobo

Cheryl foi sempre uma mãe ocupada no tempo em que seus filhos cresciam, trabalhando em meio período enquanto seu marido saía muito. Quando seu filho mais novo estava na adolescência, ele descobriu uma série de vídeos na internet com clipes bobos e divertidos. Quando começou a pedir para Cheryl assistir com ele, ela lembra: "Eu ficava impaciente e irritada enquanto estava sempre fazendo o jantar ou ocupada fazendo alguma coisa pela casa".

Apesar da resistência dela, ele continuou a atormentá-la. "Eu comecei a assistir aos clipes aos poucos, por alguns minutos, e percebi que ele só queria passar algum tempo de descanso comigo. Minha atitude desdenhosa inicial amoleceu gradualmente e, com o tempo, comecei a perceber o valor desses momentos de diversão e gargalhadas compartilhadas". Ela continuou: "Nós acabávamos gargalhando muito e achando o clipe mais engraçado e assistindo várias vezes seguidas". E, à medida que os dois fizeram isso mais vezes, encorajaram o resto de sua família a se juntar a eles.

Essa situação realçou para Cheryl a prevalência de pensamentos do tipo "estou ocupada demais", e a resistência que ela desenvolvera em fazer algo frívolo e divertido. "Aos poucos, comecei a apreciar as bobeiras gerais do meu adolescente – que eu tinha visto por tanto tempo como apenas irritantes – como o comportamento natural de uma criança feliz e brincalhona apenas sendo ela mesma." Cheryl me disse que está grata a ele por lhe mostrar isso. "Sou muito grata por ele me mostrar como, por ser uma mãe cansada, estressada e ocupada, eu apenas tinha esquecido como ser boba e divertida." Nos anos seguintes, ela se lembra de ser muito mais fácil de compartilhar esses momentos bobos e divertidos com seus filhos, enquanto eles interagiam com Cheryl mais vezes.

Capítulo 11

Budas Professores

Professores são pessoas que admiramos e exemplos a serem seguidos, são quem aspiramos a ser, tentamos imitá-los e aprender com eles. E, assim como em todos os relacionamentos, há uma possibilidade de que um (ou muitos) deles possa se tornar um Buda problemático. No entanto, ao contrário das pessoas em outras áreas, supomos que nossos professores estão de alguma forma na nossa frente no caminho da vida e têm algo útil para nos ensinar. Isso significa que nossos relacionamentos com eles (e, portanto, nossos problemas com eles) podem ser de uma natureza um pouco diferente daquela que discutimos até agora.

Nós todos admiramos certas pessoas em vários momentos – seja a distância (como celebridades), seja bem próximos (como nossos pais, professores ou outros membros da comunidade). Como é improvável desenvolvermos um relacionamento problemático com uma celebridade que nunca conhecemos, eu gostaria de focar o restante deste capítulo no nosso relacionamento com professores e mentores – e, em particular, professores espirituais.

Desde tempos imemoriais, o papel de um professor é reconhecido como essencial ao processo de aprendizado, mas, para aprender com ele, devemos primeiro confiar nele. No Budismo, por exemplo, um nível inicial de confiança em um professor (às vezes chamado de fé) é encorajado por ele ser reconhecido como parte de uma linhagem com uma linha de sucessão direta do Buda. À medida que nosso relacionamento pessoal com os professores se desenvolve, é claro que nosso nível de confiança se aprofunda e muda para seus próprios termos.

Na atenção plena e no Zen, é difícil tomar conhecimento da gama da nossa experiência, incluindo todos os nossos desejos impulsivos, aversões e ideias delusivas. Encararmo-nos é difícil – e às vezes pode ser profundamente desconfortável. Aceitando essa verdade, então, o papel do professor é estimular seus alunos a irem além do que eles poderiam ir sozinhos. Em dado momento, um bom professor encorajará um aluno a internalizar essa confiança e desenvolver uma forte crença nele mesmo.

Por causa da intimidade envolvida em qualquer relacionamento entre aluno e professor, essa é uma dinâmica óbvia, na qual as questões da infância podem surgir. Um aluno, por exemplo, poderia transferir um pouco da natureza problemática de seu relacionamento com seus pais para o professor. Uma situação comum é quando o aluno vê seu professor como um substituto para seu pai ou sua mãe. Muitas vezes isso acontece de uma forma totalmente inconsciente (pelo menos no início). No meu caso, como meu pai acabou sendo abusivo e meu padrasto morreu quando eu tinha 13 anos, senti falta de uma forte figura paterna durante a maior parte da minha infância e adolescência. Tenho certeza de que me senti fascinado (pelo menos até certo ponto) pelo meu professor de Zen porque eu ansiava por uma figura paterna acolhedora. Ao longo dos anos, notei que queria ser seu aluno favorito ou o melhor, pedir conselhos a ele sobre relacionamentos românticos e decisões da vida, e me vi buscando por sua validação e aceitação repetidas vezes. Agora sei que essas são coisas típicas que os alunos buscam em um professor que toma o lugar de um pai. Um aluno nessa posição pode, por um lado, se sentir desapontado e abandonado se não encontrar as coisas que deseja. Por outro, se o professor (conscientemente ou não) satisfizer o que o aluno almeja, então o padrão apenas continuará e nada será resolvido. De qualquer forma, mais cedo ou mais tarde o professor se tornará uma pessoa problemática aos olhos do aluno. É até possível que os alunos que não conseguirem o que desejam de seu professor possam começar a vê-lo sob uma luz tão problemática que podem acabar se "vingando" dele. No entanto, nas mãos de um professor com habilidades, consciência e responsabilidade suficientes, a dinâmica pode evoluir paulatinamente para algo mais maduro, à medida que o sofrimento do aluno é levado de uma forma não crítica sob a luz e ocorre um desapego.

A teoria do apego, descrita no capítulo 3, estipula um contexto útil no qual podemos entender como algumas das nossas "coisas" não resolvidas da infância podem acabar aparecendo nos nossos relacionamentos íntimos na idade adulta. Se você se lembra, a teoria propõe que uma criança cria um padrão de apego seguro quando seus cuidadores estavam disponíveis, respondiam às suas necessidades e eram suficientemente confiáveis nessa oferta. No entanto, se uma criança passa a acreditar que sua necessidade de amor não será atendida de forma confiável, ela pode aprender a se afastar ou se retrair. Ao crescer, essa criança pode acabar tendendo ao padrão de aversão-fuga. Ela pode negar a importância dos entes queridos na sua vida e se descrever como extremamente independente. Como resultado, pode ter dificuldade em confiar nos outros – incluindo qualquer tipo de figura de autoridade, como um professor. Por outro lado, uma criança pode se tornar exigente demais e, quando adulta, se ver no padrão de carência-desejo. As pessoas nesse padrão muitas vezes tentam se apegar aos seus entes queridos como se sua vida dependesse disso e, como resultado, podem se sentir atraídas por figuras de autoridade, como professores. Se um cuidador de uma criança era às vezes carinhoso e presente, mas em outras era ausente, então a criança pode concluir que os momentos de ausência eram culpa dela. Desse modo, quando ela crescer pode constantemente duvidar de si mesma e de seus relacionamentos, incluindo com seus professores – e, portanto, ter dificuldade em confiar neles.

Com isso em mente, exploraremos duas questões particulares que podem aparecer no nosso relacionamento com um professor (ou exemplo a ser seguido) que se associam a coisas que não tivemos quando crianças: desejar que eles sejam perfeitos e ter problema com autoridade.

O desejo de que ele seja perfeito

Quando entramos em contato com alguém que admiramos, ou com quem queremos aprender, é completamente natural nos vermos colocando-o em um pedestal, idealizando-o ou até o idolatrando. Se não tomarmos cuidado, podemos transformá-lo em um Buda exaltado rápido demais. Uma coisa semelhante costuma acontecer no início de um relacionamento romântico. Nós percebemos o outro como "perfeito" – quando evidentemente ele não é. O problema aqui vem de enxergar um *processo* inconstante, dinâmico e falível (a pessoa) como uma *coisa* fixa ou objeto. Fazendo isso, ficamos presos. Inevitavelmente, nossa fantasia um dia se chocará com a realidade e sofreremos (às vezes muito) como resultado.

Todos os professores budistas ao longo dos séculos estiveram cientes dessa falácia humana (e de um grande bloqueio em potencial no caminho para o despertar) e desenvolveram várias formas de lidar com isso. No Budismo tibetano, a abordagem é encorajar o aluno a realmente pôr seu professor em um pedestal – mas fazer isso com seus olhos abertos. Os alunos costumam ser solicitados a visualizar seu professor como um Buda totalmente iluminado, e presenteá-lo com oferendas e dedicatórias. Isso é para ajudar os alunos a vê-lo como um ideal ao qual aspirar e, portanto, motivar para a prática. Em resposta, os professores budistas tibetanos permanecerão indiferentes de propósito, mantendo um senso de "distância profissional" de seus alunos. O ideal é o aluno nunca conseguir ver seus defeitos e, assim, sua percepção deles não poder nunca ser estilhaçada. Como consequência, os budistas tibetanos têm um ditado: "Sempre mantenha pelo menos dois vales entre si e seu professor".

A abordagem adotada no Zen é um pouco diferente. Os alunos, por experiência própria, não são solicitados a imaginar seu professor como um tipo de divindade, mas a ver e relacioná-lo como um ser humano comum. Sabendo que alguns alunos, ainda assim sempre os colocarão em um pedestal, muitos professores de Zen se esforçarão para demonstrar sua falibilidade humana. Meu professor Zen, Daizan Roshi (*roshi* é termo em japonês para "antigo professor" e um honorífico concedido a um mestre Zen), lembra-se de seu professor japonês, Shinzan Miyamae Roshi, que nunca dava a ninguém uma chance de criar uma versão fantasiosa perfeita dele.

Loucamente, profundamente real

Quando Daizan passou a estudar com Shinzan Roshi no Japão, ele já era monge no Reino Unido há 15 anos. Ao longo dos seis anos em que eles viveram juntos, Shinzan tornou-se um Buda incrivelmente problemático para ele. "Desde o início, eu podia ver que Shinzan era uma pessoa desastrosa em muitos níveis – apenas estar ao lado dele era um caos contínuo. Ele lidava mal com dinheiro e estava sempre sendo enganado. Tomava decisões loucas incorrigíveis e tinha ideias malucas com regularidade. Eu literalmente não sabia o que aconteceria depois." Daizan lembra-se até de uma ocasião em que um visitante ameaçou um dos monges com uma faca. De certo modo, Shinzan criou uma comunidade de Budas problemáticos. "Ele recrutou-os ativamente do país inteiro! Shinzan nunca pedia para os indivíduos mudarem – ele sempre dizia 'está tudo bem, tudo certo'. Ele o deixava sem escolha, a não ser enfrentar a situação e aceitá-la (ou partir). Estar ao redor dele era exaustivo".

Ao mesmo tempo, Daizan reconheceu algo profundamente real em Shinzan. "Não havia absolutamente nenhum fingimento – tudo era exatamente daquele jeito. Estava óbvio que Shinzan era comovente e vivia algo verdadeiro, e era uma oportunidade maravilhosa estar ao lado dele." Daizan disse que viver com Shinzan era um processo de aprender a ver as duas dimensões ao mesmo tempo – a loucura e a verdade profundas. "Permanecendo lá, aprendi muito. Mostramos um ao outro aqueles locais sombrios no nosso ser que ainda precisavam vir à luz – serem vistos e aceitos. Ganhei um aterramento profundo no que era importante – como você lida com dificuldades e desafios à medida que eles aparecem, de um momento a outro, com autenticidade."

Daizan continuou: "Shinzan Roshi nunca deixou as pessoas o colocarem em uma falsa posição – fazer dele um paizão ou a solução para todos os seus problemas". Em parte, isso foi por causa do seu comportamento enlouquecedor e, em parte por, em uma ocasião, "por ser inacreditavelmente rude". Daizan lembrou: "Mas eu nunca tive a sensação de que ele manipulava as circunstâncias – ele apenas era bem natural".

"As lições foram intensas e vieram em um passo acelerado e, com essa abordagem, houve vítimas. O louco caos faz parte de estar com Shinzan Roshi. Ou você obtinha o aprendizado ou se afogava (partia)." Daizan comparou sua experiência a estar em um barco a remo, com Shinzan manejando os remos e estragando tudo. "Você poderia lamentar ou pegar outro par de remos e ajudar. Shinzan dava uma oportunidade incrível na qual você poderia realmente fazer isso – se aproximar." Daizan disse que tinha certeza de que era isso o que ele procurava em seus alunos. "Ao longo dos anos, enquanto eu me aproximava cada vez mais, Shinzan abriu mais espaço para isso acontecer. Foi um privilégio inacreditável ter esse momento com ele."

Hoje em dia, Daizan também não tem receio em admitir suas próprias inadequações. Com essa abordagem, ele me disse, as pessoas que buscam um guru sem defeitos ficarão desapontadas e talvez irão para algum outro lugar. Mas, pessoalmente, eu mesmo descobri (e acho que muitos outros também vão) que suas óbvias imperfeições o tornam ainda mais acessível. Como muitos de nós, ele muitas vezes derrama o leite quando o despeja no chá (às vezes em todas as suas vestes e na almofada de meditação), esquece as coisas várias vezes e luta para controlar sua caixa de entrada de e-mails. Com seus defeitos e peculiaridades à mostra, o que ele sempre me encorajou a ser parece bem mais alcançável. "Não se trata de atingir a perfeição, mas de atingir a liberação." Essa abordagem também desencoraja o perfeccionismo, e cria uma atmosfera de audácia e disposição para cometer erros.

Problemático ao ponto do abuso

Outro perigo potencial em colocar um professor em um pedestal é que você acaba ficando cego às suas falhas e começa a achar que eles não pode fazer nada errado. Assim, corre-se o risco de que ele tire proveito de você. Em uma relação estreita e de confiança, devemos estar cientes do potencial para essa confiança ser mal direcionada, usada da forma errada ou abusada completamente. Isso acontece, lamentavelmente. Na última década, o movimento #MeToo revelou um rol de abusos de supostos professores, padres e exemplos a serem seguidos em muitas áreas da vida – inclusive, sinto dizer, no mundo budista. Hoje em dia, os professores que realmente praticam o que professam e evitam excesso e imoralidade são quase ofuscados na mídia pelos numerosos casos de grande visibilidade de "gurus que deram errado". Do outro lado da questão, como um professor, ser colocado em um pedestal por um dos seus alunos pode parecer uma forma de abuso por si só.

Como dissemos, muitas vezes o motivo para as pessoas procurarem pela figura de um guru perfeito é substituir algo de que sentiram falta quando crianças. Elas podem desejar uma figura parental – alguém que tenha um controle completo do mundo e possa cuidar da integridade física, da segurança e da proteção delas. Em resposta, elas podem assumir um estado pueril de devoção incondicional e renunciar à responsabilidade. De fato, elas desistem de comandar suas próprias vidas e passam esse comando para o professor – uma condição às vezes denominada como "síndrome do guru". Críticos e vítimas de professores abusivos costumam apontar para uma cultura de sigilo, patriarcado e sexismo que foi autorizada a se desenvolver, e, por causa da fantasia persistente de que eles não podem fazer mal, a comunidade pode achar difícil responsabilizar o professor. Além disso, o senso de conluio ou cumplicidade nos atos que aconteceram pode provocar a vergonha da parte do aluno, o que apenas aumenta sua relutância ou má vontade de se manifestar.

Infelizmente, as ansiedades ao redor dos perigos potenciais do abuso entram na segunda área na qual os professores podem se tornar Budas problemáticos – aquela de ter dificuldade com autoridade ou esforçar-se para ter fé no professor.

Problema com figuras de autoridade

Como já foi mencionado, a teoria do apego nos dá algumas ideias sobre como podem acontecer as questões ao redor de confiar em um professor. Se uma criança sofreu qualquer tipo de abuso nas mãos de seus cuidadores – físico, emocional, sexual ou por negligência –, então ela muito provavelmente terá problemas relativos às autoridades quando adulta. Se seu(s) principal(is) cuidador(es) achou que era melhor evocar o medo para fazê-la obedecer, então a pessoa pode crescer com sentimentos incertos ou céticos em relação à autoridade. Ela pode querer confiar em um professor, mas achar difícil se permitir fazer isso. Visto que isso é precisamente o que aconteceu com o famoso professor de Rinzai Zen japonês do século XVII, Bakei Yotaku, eu gostaria de explorar sua história aqui.[21]

Bankei Yotaku

Bankei (1622-1693) nasceu em uma família de samurais de baixa categoria. Seu pai era médico, e ele tinha quatro irmãos e quatro irmãs. O fato de o nome dado a ele, Muchi, significar literalmente "não ficar para trás" dá lhe uma noção da atitude que seus pais devem ter tido para com ele desde o início. Muchi era uma criança difícil de controlar, rebelde e maldosa. Sua mãe descobriu um dia que, se ela fingisse morrer, isso deixaria o pequeno Muchi tão chocado que ele se comportaria. Funcionava, mas só podemos imaginar que efeito tinha sobre ele – especialmente quando seu pai morreu inesperadamente. Nesse ponto, com apenas 11 anos, Muchi tentou o suicídio ao engolir uma grande quantidade de aranhas que ele pensava serem venenosas.

Ele entrou na escola no ano seguinte. Parece que gostava das aulas de filosofia (estudavam-se os clássicos de Confúcio), mas odiava as de caligrafia – tanto que ele não as acompanhava e ia para casa, em vez disso. Seu mau comportamento constante desgraçou a família. A tática de choque da sua mãe parou de funcionar e seu irmão mais velho, agora chefe da família, não sabia o que fazer. Em um acesso de desespero, ele expulsou Muchi, então com apenas 14 anos, da casa e o renegou efetivamente.

21. Sua história autobiográfica é descrita em: N. Waddell, tr., *The Unborn: The Life and Teachings of Zen Master Bankei*, Nova York, North Point Press, 2002; e J.D. Skinner, *Practical Zen: Meditation and Beyond*, Londres, Singing Dragon Press, 2017.

Esses relatos históricos revelam que o comportamento dos cuidadores de Bankei na infância era, na melhor das hipóteses, confuso, e, na pior, negligente ou abusivo emocionalmente. Suas respostas fizeram parecer provavelmente que ele tivesse desenvolvido um padrão comportamental do tipo aversivo no que concerne a relações estreitas, com elementos de fuga e momentos de rebeldia ou raiva.

Felizmente, Muchi foi acolhido por um vizinho bondoso e continuou a se esforçar por um ano ou dois. Quando ele estava na escola, ficou impressionado com uma frase de um texto de Confúcio sobre a "virtude iluminadora" e vinha ponderando sobre isso. Alguém recomendou que ele visitasse o templo Zen local para perguntar sobre ela. Quando ele chegou, o professor lhe disse: "Você só a encontrará dentro de si. Você precisa praticar a meditação". Então Muchi pediu para se tornar um monge e foi aceito. Ele ficou no templo por alguns anos, mas ficou desiludido com o professor e não achava nada que o satisfizesse. Aos 19 anos, decidiu viajar em busca de outro professor – alguém que pudesse responder-lhe a essa pergunta e acabar com seus problemas.

Dada sua infância difícil, não foi uma surpresa que o adolescente Muchi teria problemas em confiar na autoridade ou na orientação de seu professor. Ele deve ter desejado uma relação íntima e de confiança, mas se preocupava em se aproximar demais, por medo de perdê-la. Ele também deve ter duvidado profundamente de si e de sua habilidade de se relacionar com os outros e, como resultado, tentou se descrever como independente e autoconfiante como forma de compensação.

Depois de uma busca extensa por todo o Japão, ele voltou ao seu templo de origem com 23 anos, ainda mais desiludido e exausto. Como não tinha nada a perder, decidiu abandonar seu professor e construir para si um pequeno eremitério, e cercou-se usando gesso de barro e dedicando todas as horas à meditação. Ele praticou assim sozinho por alguns anos. Depois relatou: "Eu me pressionava sem piedade, drenando-me mental e fisicamente". Muchi com certeza era extremamente determinado, mas podemos imaginar que essa força vinha do poço fundo de dor emocional e psicológica que se desenvolveu dentro dele desde sua infância.

Como resultado de suas longas horas de meditação, ele desenvolveu septicemia nas nádegas e, no fim, contraiu tuberculose. Com 26 anos, o médico disse que ele morreria logo – então, ele decidiu morrer. No ponto no qual tinha quase desistido completamente, disse: "Senti uma sensação estranha na minha garganta. Cuspi em uma parede. Uma massa de catarro preto do tamanho de uma fruta-de-sabão rolou para o lado" e, de repente, sua perspectiva mental mudou. Esse foi seu momento de iluminação. Felizmente para ele, a dor e o turbilhão emocional que sofreu o levaram na direção do Zen – mas eles poderiam tê-lo levado facilmente a um fim bem mais destrutivo (e quase fez isso em várias ocasiões).

A infância de Bankei lhe ensinou que as pessoas com autoridade não estavam todas do seu lado e poderiam fazer coisas prejudiciais para enganá-lo, forçando-o a se comportar bem (como sua mãe fingindo morrer, por exemplo). Podemos imaginar, então, por que ele teria tido uma relação tão problemática com seu primeiro professor e esforçou-se para aceitar sua instrução a fim de, pacientemente, olhar para dentro de si. Também podemos imaginar que parte do motivo de ele ter dedicado tanto esforço para olhar dentro de si atrás de resposta às suas perguntas era ele estava inconscientemente buscando por uma figura paterna idealizada, acolhedora e carinhosa, que poderia fazer tudo certo com um aceno de mão. Depois de sua busca acabar sendo infrutífera, ele se trancou em uma cabana e meditou quase até a morte. Além de aprender a não confiar em figuras de autoridade, sua infância certamente também lhe ensinou a se tornar muito independente. Nesse estágio, ele sentia que não poderia confiar em mais ninguém, apenas em si mesmo.

Depois de suas experiências na juventude, Bankei seguiu em frente e tornou-se um professor brilhante e muito popular, e permaneceu totalmente dedicado à sua mãe, que, na verdade, se tornou uma monja budista. Ele contava a seus alunos como achava que esse esforço extremo por resolução e iluminação foi mal direcionado – mas era o melhor que ele soube fazer na época. Como resultado, ele sempre era inflexível ao dizer que ninguém precisava se esforçar tanto quanto ele fez, e seu ensino caracterizou-se pela compaixão, gentileza e simplicidade.

Então, o que podemos aprender com a história de Bankei? Ele teve uma infância difícil, que provavelmente provocou os padrões comportamentais de independência rebelde e esforço intenso. Mas foi por meio desse sofrimento que ele conseguiu encontrar a paz. Buda ensinou que não pode haver iluminação sem sofrimento. Por pior que possa parecer, é apenas quando aceitamos totalmente nossa situação e nos rendemos às nossas dores, mágoa, ansiedade ou raiva que podemos aprender devagar e com carinho a desapegar disso. Assim como a luz só pode existir por causa da escuridão, compaixão e sabedoria só podem existir por causa do sofrimento.

Hakuin e Torei

Outro exemplo histórico de um professor espiritual problemático vem da narrativa do famoso professor Zen japonês do século XVII, Hakuin Ekaku (1686-1769) e de seu aluno, Torei Enji (1721-1792).[22]

Torei foi ordenado monge aos 17 anos e, depois de uma série de longas sessões de prática solitária nos anos seguintes, obteve várias noções importantes. Ele procurou Hakuin aos 22 anos como alguém que poderia ajudá-lo mais no seu treinamento.

Hakuin imediatamente reconheceu Torei como um aluno excepcional e um potencial herdeiro do Dharma (sucessor). Torei tinha uma intenção urgente de praticar e até escreveu uma carta para Hakuin em seus primeiros meses de chegada no templo, pedindo para ser "forjado a ferro e fogo" (ou seja, ele queria que seu ensino fosse o mais rígido e severo possível). Quando Torei tinha cerca de 30 anos, Hakuin desenvolveu a esperança de que ele pudesse um dia assumir a administração do seu próprio templo, Shoin-ji. Como um passo nessa direção, Hakuin pediu para Torei assumir o abadiado de um pequeno templo em estado precário chamado Muryo-ji, em uma cidade próxima. No entanto, Torei resistiu, em razão de várias aflições. Ele estava preocupado com sua saúde. Como resultado de praticar em condições de frio severo, ele desenvolveu tuberculose e chegou, pouco tempo antes, perto da morte. Ele também achava que

22. N. Waddell, tr., *Beating the Cloth Drum: Letters of Zen Master Hakuin*, Berkeley Shambhala, 2012.

as responsabilidades de administrar um templo o afastariam de seu próprio treinamento no Zen, e estava preocupado que seu professor interferiria demais na sua administração. Também não queria ficar preso, sentindo-se incapaz de partir, ou ser coagido a assumir o abadiado do templo muito maior de Hakuin (e Hakuin de fato tentou coagi-lo a fazer isso em várias ocasiões).

Depois de vários compromissos e condições, Torei finalmente consentiu e terminou servindo como abade de Muryo-ji por mais de quatro anos. Ele saiu após esse período, porque Hakuin o pressionava cada vez mais para administrar Shoin-ji e assumir o posto de seu herdeiro. Parece que Hakuin foi enfim capaz de sentir empatia quando se deu conta de que se sentia da mesma forma na idade de Torei – com essa relutância em assumir responsabilidades e o desejo de focar seus próprios estudos. Demorou uns bons anos antes de Torei se sentir pronto de novo para se aproximar de seu professor. Em 1758, eles acabaram ministrando juntos uma série de palestras. Isso inspirou Hakuin a comprar o arruinado templo antigo de Ryutaku-ji, e pedir para Torei restaurá-lo e administrá-lo como um templo de treinamento. Mais uma vez Torei recusou. Mas Hakuin seguiu em frente com a suposição de que Torei concordaria em algum momento e se tornaria abade do que seria, nos séculos seguintes, um importante templo da escola Rinzai.

Embora não saibamos muito sobre a vida pregressa de Torei e seu relacionamento com seus pais, ele certamente teve uma relação bem problemática com seu professor. Junto à óbvia resistência de Torei em assumir responsabilidades, Hakuin, assim como um pai opressor, tinha suas próprias ambições para Torei e tentou em múltiplas ocasiões impô-las a ele. Durante sua vida, Torei teve de aprender a equilibrar seu desejo de praticar e aprofundar seu próprio estudo com a energia da repetida insistência de Hakuin de que ele se apresentasse e assumisse responsabilidades, tudo junto aos desafios de administrar sua frágil saúde. No fim, Torei tornou-se um importante mestre Zen por seus próprios méritos e uma figura relevante no renascimento da escola Rinzai. Sua carreira no ensino durou 40 anos, e durante esse período ele escreveu vários livros de Zen significativos e completou o projeto de Hakuin para desenvolver o currículo de estudos de *koan* (que permanece em uso até hoje).

Professores ensinam de mais formas do que somente uma

Ao refletir sobre este capítulo que trata de professores problemáticos, vemos que, se formos aprender com um professor, devemos primeiro aprender a confiar nele. As sementes da confiança podem vir inicialmente de outros reconhecerem o nível ou a habilidade do professor, mas, à medida que nosso relacionamento se desenvolve, nossa disposição em confiar nele vem apoiar-se cada vez mais na nossa própria experiência. No entanto, em qualquer tipo de relação estreita adulta, é normal que apareçam questões arraigadas ainda na infância. Algumas pessoas veem o professor como um pai substituto. Elas podem desejar coisas como amor, reconhecimento, validação ou aceitação, mas, se o professor as oferece ou não, ver um professor como um pai é, no fim, um caminho certeiro para um sofrimento maior. Alguns alunos tentam objetificar seu professor como um ser idealizado perfeito, enquanto outros continuam a questionar a autoridade, querendo confiar no professor, mas, ao mesmo tempo, achando difícil se permitirem fazer isso. Um professor com as habilidades apropriadas e consciente não rejeitará nada do que o aluno sente como errado ou inadequado; nem brincará com seus desejos. O papel do professor é criar um espaço seguro no qual um aluno pode deixar as raízes de seu sofrimento (da forma como for, por mais desconfortável ou doloroso que seja) surgirem e serem vistas, reconhecidas e logo desapegadas. No fim, seu trabalho é ajudar seus alunos a desenvolverem uma crença profunda em si mesmos.

Dito isso, assim como acontece com qualquer relação estreita, é essencial que cultivemos a confiança com nossos olhos abertos. Se começarmos a ter nossos professores em alta conta, pensando que eles estão além da reprovação, então não estamos vendo totalmente a verdade do que se encontra diante de nós, e também corremos o risco de nos expormos ao potencial de abuso. É vital que, não importa como nossa relação evolua, permaneçamos capazes de responsabilizar nossos professores se ou quando necessário.

Alunos problemáticos

Tanto quanto Hakuin foi um professor problemático para Torei, Torei provavelmente também foi um aluno problemático para Hakuin. Muitos de nós se veem com bastante regularidade em um papel de professor – seja no trabalho com um novo funcionário, seja em casa com nossos filhos – e, se deixarmos, nossos alunos problemáticos também podem se transformar em alguns dos nossos melhores professores.

Falei para Shinkai Roshi, um professor Zen em Oregon, EUA, sobre esse assunto, e ele lembrou quando começou com seu grupo Zen: "Alguns dos meus alunos realmente me irritavam, mas, ao fazer isso, eles me ajudaram muito a entrar em um novo território". Com os anos, seus alunos demonstraram-lhe claramente como ele precisava desapegar de controlar as coisas. "Enquanto continuávamos com nossa comunidade Zen, eu tinha minhas próprias ideias sobre como ela deveria e não deveria ser. Mas logo vi que o que eu queria e como os acontecimentos se desenrolavam eram duas coisas diferentes." Essa divergência revelou algumas de suas ideias preconcebidas e tendências ao controle. Espelhando o famoso sentimento de Dwight Eisenhower (que disse: "Planejamento é tudo, mas o plano não é nada"), Shinkai falou: "Eu achei que sempre soubesse o que era melhor e me vi querendo microgerir todos, mas reconheço agora que foram apenas minhas próprias questões aparecendo". O que ele imaginou não foi necessariamente a direção para a qual a comunidade tendia. "Eles [seus alunos] me mostraram que eu precisava desapegar de qualquer noção disso sendo *meu* centro, e deixar as coisas se desenrolarem como elas deveriam se desenrolar. Eles me mostraram como é importante pedir ajuda."

Quando ele melhorou no desapego de estar no comando, disse que conseguiu reconhecer a sabedoria profunda do grupo. "Quando você desapega, as bondades dos outros e do universo entram e acontecem coisas incríveis." Ele vê que a comunidade agora evolui de modo que não poderia ter imaginado, e de formas que são um grande benefício para todos. Ele concluiu: "Eu consigo apreciar e sou grato por ver que há algo muito maior e abrangente que se move por mim e em tudo".

Parte 3

Budas Realmente Problemáticos

Capítulo 12

Budas Ogros

Deve haver algumas pessoas na sua vida que estão na extremidade final do espectro problemático: aqueles que abusaram de nós ou nos causaram uma dor profunda de alguma forma. Quando as feridas são profundas, não é fácil aceitá-las assim como as pessoas, que dirá reconhecer que elas poderiam ser capazes de nos ensinar algo sobre nós. Até mesmo a ideia de que elas poderiam nos ensinar alguma coisa pode repelir. Pode ser que você não queira absolutamente nada com elas (e, às vezes, certamente isso seria mais seguro). Sei bem como é.

O ódio que costumamos sentir por essas figuras ogras pode ter um poder tremendo por trás. Pensar no que aconteceu e os sentimentos de raiva e revolta latentes podem nos preocupar, talvez por longos períodos. Gradativamente, todas as cores da vida ficam tingidas por uma nuance de ódio. Embora os sentimentos em torno do que elas fizeram pareçam claríssimos, pode ser difícil ver além deles. No entanto, dizem que se agarrar à raiva e ao ressentimento é como beber veneno e esperar que ele mate outra pessoa.[23] Isso não ajuda e, no fim, apenas machucará a nós mesmos.

Trauma e abuso são feridas profundas que, na realidade, não se curam sozinhas. Sem o tipo adequado de atenção, elas supuram. Quando notamos até mesmo uma alusão de algo que poderia agravar a ferida, recuamos, ficamos tensos e agimos de todos os tipos de maneiras para nos proteger de forma preemptiva. Com o tempo, essas

23. Citação de: M. T, *A Sponsorship Guide for All Twelve-Step Programs*, West Palm Beach, FL, PT Publications, 1995.

ações se tornam hábitos. O estabelecimento desses hábitos é como erigir muros para nos proteger dos perigos percebidos da vida. Podemos começar nos distanciando de todos (no caso de nos machucarmos de novo) ou aprender a vestir um rosto público – uma máscara para que possamos fingir ser outra pessoa. Podemos começar a rir de tudo ou chorar em cada oportunidade. Não importa o quanto de proteção usemos, por trás dela a ferida ainda está lá, aberta. Podemos operar assim por anos, talvez até esquecer os detalhes de como as feridas chegaram lá – ou que até mesmo existam. Mas elas estão lá.

Um dia, a dor de permanecer preso como um caranguejo cuja carapaça não lhe serve mais se torna muito grande. O risco de permanecer assim é mais doloroso do que o de nos livrarmos da nossa velha carapaça. O primeiro passo é reconhecer essa sensação desconfortável, apertada, tensa – apesar da ansiedade e do medo do que pode vir depois. Não é fácil; o mais fácil a fazer seria evitar a sensação e nos distrairmos. Para isso, necessitamos criar uma grande coragem. Mas saiba que você não precisa fazer isso sozinho. Confie na sua rede de apoio ou busque alguém novo que possa apoiá-lo nesse processo (como um psicoterapeuta ou um professor espiritual). Saiba que, se o comportamento de uma pessoa problemática aumentar até o ponto do abuso, é crucial que você tome uma atitude apropriada, não apenas ver isso como algo a ser aceito passivamente. Mas, à medida que você mitigar suas discriminações e críticas e, aos poucos, desapegar de qualquer dor, se sentirá cada vez mais leve e livre. Quando lidei com meus próprios ogros ao longo dos anos, um verso de um poema do poeta persa do século XIII, Rumi, ajudou muito. Ele disse: "A ferida é por onde a luz entra em você". Se pudermos encontrar uma forma de descascar as camadas de proteção familiar de maneira tranquilizadora, mas possivelmente calcificada, e encontrar a coragem de olhar diretamente para a ferida embaixo dela – sem recuar ao vê-la –, poderemos ser capazes de enxergar através da ferida, diretamente dentro de nós mesmos. Esse é a verdadeira dádiva que o trauma e a dor podem nos oferecer.

Cutucando a casca da minha ferida emocional

Como mencionei antes, a pessoa que provocou o acidente que matou meu padrasto e deixou minha mãe inválida foi um policial em seu dia de folga. Ele se chamava Michael. Desde o momento do acidente até um bom tempo depois que comecei a psicoterapia (um período de uns dez anos), "Michael" foi um conceito com o qual eu não poderia entrar em contato. Embora eu o tenha visto pessoalmente no tribunal alguns meses após do acidente (ele foi condenado por causar a morte por direção perigosa e sentenciado a um período na prisão), pareceu, na minha mente, que ele ficou pendurado lá em algum lugar do espaço, fora do alcance. Durante esse período, achei completamente impossível entrar em contato com quaisquer emoções relativas a Michael e ao que ele fez.

Quando comecei a psicoterapia, lembro-me nitidamente de algumas sessões nas quais meu terapeuta me perguntava como eu me sentia sobre o que ele fez, e eu dizia: "Bem, não foi culpa dele. Foi uma fatalidade - probabilidade. Sim, ele fazia algo que não deveria ter feito, mas provavelmente fez isso muitas vezes antes sem incidentes". Essencialmente, eu tinha racionalizado minha falta de sentimento. Meu terapeuta me encorajava, dizendo que estava tudo bem em sentir raiva. Mas, apesar dessa permissão, eu continuava a justificar minha resposta, afirmando que não era culpa de Michael. Lembro que isso acabou provocando uma rara réplica emotiva do meu terapeuta (ele costumava ser bom em refletir no que eu dizia, com calma e sem criticar). Ele disse algo como: "Bem, de quem era a falta? Como você pode *não* estar furioso? Não entendo!" Vendo agora, parecia que ele tentava cutucar a ferida até arrancar a casca que eu tinha desenvolvido sobre todo esse caldo emocional. Tenho certeza de que ele estava tentando me provocar para me ajudar a entrar em contato com meus sentimentos.

Passei alguns meses procurando, meditando e refletindo sobre o que eu sentia em relação a Michael. Lembro-me de ter todos os tipos de sonhos, que exploramos e analisamos. Também me lembro de discutir pela primeira vez com minha mãe. Em dado momento, encontrei traços de raiva e desgosto, e meu terapeuta me encorajou a começar a expressar esses sentimentos dentro e fora das sessões. Ver que realmente havia raiva lá me fez perceber que eu tinha um medo profundo de que, se eu tocasse nela, todo o meu ser de repente explodiria como um vulcão incontrolável. Eu tinha medo de que meu mundo desmoronasse, então estava aguentando firme, bloqueando meus sentimentos. Mas a realidade era que, na verdade, era difícil tocar nessa raiva, e quando fiz isso, ela parecia um pavio molhado – era quase impossível de acender.

Aos poucos, durante as sessões de terapia e na minha própria prática de meditação, abri a tampa da minha caixa emocional – raiva, ressentimento e ódio timidamente saíram rastejando. Comecei a deixar esses sentimentos acharem sua expressão. Encontrei minha raiva em relação a Michael e pela injustiça do que aconteceu. "Por que eu? Por que nós?" Lembro-me de gritar. Revoltei-me com o universo e o destino por deixar isso acontecer comigo e com minha família. Eu muitas vezes saía dessas sessões de terapia destruído e tremendo – mas, o mais importante, meu mundo não desmoronou.

Não consigo me lembrar do ponto exato em que me senti capaz de perdoar Michael pelo que ele fez – esse ponto se aproximou de mim devagar. Olhando em retrospecto agora, tenho certeza de que não haveria outra forma de chegar ao ponto do perdão se eu não tivesse passado por esse período de entrar em contato com minha raiva e a culpa, e aprender a expressá-las. O verdadeiro perdão não é um método de ignorar esse estágio – é um ato de aceitação e de desapego genuíno. Sentir e expressar raiva não são coisas ruins, sórdidas ou erradas. Para mim, entrar em contato com minha raiva e perceber sua total intensidade foram passos necessário ao longo do caminho. Não podemos desapegar de algo que não conseguimos reconhecer totalmente.

A experiência de trazer o conceito de "Michael", que estava pendurado no espaço, para o alcance dos meus braços, entrar em contato com os sentimentos indigestos que eu nutria por ele e pelo que fez, e me desapegar deles e, finalmente, perdoá-lo, não foi no fim, um processo tão turbulento – pelo menos se compararmos com a experiência de perdoar meu pai abusivo. Mas foi por meio dessa descoberta e de me permitir sentir raiva por Michael que percebi que uma grande proporção da minha raiva era, na verdade, direcionada ao meu pai.

Perdão ao meu pai

Antes dos meus seis anos de idade, por provavelmente alguns anos, meu pai fez jogos sexuais comigo. Quando minha mãe descobriu, ela foi direto para a polícia e ele foi expulso de casa na mesma hora. Nos anos seguintes, apenas o víamos sob supervisão. Logo depois que tudo veio a público, eu e minha irmã nos consultamos com uma psicóloga infantil, que nos entrevistou e escreveu um relatório sobre o que ela achava que tinha acontecido e que efeito isso poderia ter sobre nós. Minha mãe guardou cópias dos relatórios, que ela me mostrou quando comecei a psicoterapia.

Nos meus 20 anos, um caos complicado de sentimentos misturados se formou ao redor do meu pai (muitos dos quais eu reprimia). Passei a entender que eles foram moldados por diferentes influências. Uma foi o acidente e suas consequências. Basicamente, o acidente eclipsou tudo o que tinha acontecido antes na minha vida – ele encerrou a relação estreita que eu tinha desenvolvido com meu padrasto, e travou meu processo de aprender a lidar com meu abuso na infância. A outra foi, é claro, minha mãe. Enquanto eu crescia, suas opiniões sobre meu pai, suas emoções (incluindo sua culpa pelo que aconteceu), bem como suas próprias neuras e visões de mundo, tudo isso passou para nós. Ela sempre se descreveu como ingênua; me disse que um dos motivos para se casar era para poder sair da casa dos pais, e que ela teve filhos em parte como uma tentativa de segurar seu relacionamento com meu pai.

Desde que ele partiu, meu pai continuou a ser uma presença recorrente na minha vida – em grande parte em aniversários e, principalmente, no diz respeito à questão do dinheiro. Quando eu era mais novo, por exemplo, muitas vezes ele ajudava a financiar presentes caros e contribuía com vários pagamentos de montante fixo de vez em quando para ajudar a pagar por coisas como a universidade. Como resultado (e isso provavelmente também foi influenciado pela minha mãe), desenvolvi uma sensação do que eu merecia dele – sentia: "eu mereço uma desculpa por suas ações", e "eu mereço dinheiro em compensação por seu abuso e posterior ausência". Também desenvolvi um estranho senso de dever para com ele – como em: "eu deveria lhe contar o que pretendo porque ele é meu pai".

Por volta dos 25 anos, instigado pelo processo de psicoterapia, comecei a escrever para o meu pai perguntando sobre o que ele se lembrava do abuso. Ele insistiu que os jogos sexuais dos quais me lembrava aconteceram apenas uma vez, e que foram por acidente. Ele disse que foi iniciado por mim e que eu tinha gostado da brincadeira. Nesse ponto já tinha começado a tocar no meu reservatório de raiva reprimida, e suas declarações me deixaram indignado. O que ele disse foi o contrário do pouco que eu realmente conseguia me lembrar e do que foi descrito nos relatórios do psicólogo.

Aos cinco anos de idade, é claro que eu queria atenção e gostava de brincar com meus pais. Mas ouvir que algo que eu gostava de fazer era errado foi totalmente confuso para o meu jovem eu. Eu queria meu pai, mas as pessoas diziam que ele era malvado e tinha de ser mandado embora. Minha mãe se lembra de que eu ficava gritando por ele todas as vezes que nos despedíamos. Meses depois de sua expulsão inicial, tive várias sessões com a psicóloga infantil para me ajudar a processar isso, mas suspeito de que não foi o bastante. Alguns anos mais tarde, inocentemente tentei fazer os mesmos jogos sexuais com meu padrasto e, como minha mãe me contou depois, ele foi bom em me ajudar a entender por que aquilo não era apropriado.

Com a psicoterapia e minha prática de meditação, tive de aprender a confortar esses meus aspectos que foram reprimidos ou se refugiaram nos escuros recessos da minha consciência e não foram autorizados a crescer. Foi sobre criar uma presença sem juízo de valor na qual eu poderia colocar um braço metafórico em volta de mim e deixar o que quer que fosse subir à superfície e ser visto. No começo isso foi facilitado por meu terapeuta e com a prática da meditação guiada, mas, aos poucos, aprendi a internalizar isso e praticar sozinho. Durante essa época, lembro-me de estar em um retiro de meditação e, certa manhã, bem no meio de uma das minhas sessões, ter uma visão de um monstro saindo de baixo de uma cama, bem na minha frente. Ele veio do nada e parecia extremamente assustador;

eu estava visceralmente abalado e não consegui mais fechar meus olhos pelo restante da prática. Depois disso, meu professor me ajudou a analisar a visão por meio dos meus olhos adultos. Percebei que ela só era assustadora para a perspectiva da minha criança interior. Essa foi uma lição poderosa sobre como reformular tudo o que eu lembrava da minha infância – e tudo o que via como uma criança por meio da minha percepção pueril – então poderia ver, e começar a me relacionar com isso, por intermédio dos meus olhos crescidos.

Como aquilo que meu pai admitiu conflitava com o pouco que eu poderia me lembrar e com o que ouvi, passei por um longo período com raiva dele. Queria saber: "Por que ele simplesmente não admite? Por que sempre tem de distorcer a verdade?" Alguns anos depois, cheguei à conclusão de que, com o tempo, ele provavelmente passou a aceitar sua versão dos acontecimentos como sua verdade. É bem possível que, quando ele me disse que aconteceu só uma vez, não estivesse mentindo conscientemente. De qualquer modo, depois de muito tempo de uma caçada implacável pela "verdade", percebi que não há de fato uma única verdade – tenho a minha e ele tem a dele. E passei a aceitar isso.

Depois que ele envelheceu, comecei a vê-lo de uma outra forma. Seu cabelo ficou branco, seus ombros, caídos, e seu rosto está mais enrugado; cresci e ele parece, de certo modo, menor agora. O que aconteceu, aconteceu, e, neste ponto na minha jornada de cura, não preciso saber mais detalhes do que aqueles que já sei. Se ele pode pedir desculpas e se arrepender totalmente por tudo o que fez não me preocupa mais. Ele é produto de seu passado e dos mecanismos de proteção psicológica que entraram em ação para ele, de seus pais e dos pais deles e da sociedade como um todo. Assim como minha mãe e assim como sou. Tudo isso me ajudou, com o tempo, a me aproximar de uma sensação de perdão. Na última vez em que me encontrei com ele, me senti preparado para dizer: "Eu te perdoo". Não sei o que ele achou disso, ou se ele entendeu totalmente, mas pareceu um grande ponto de virada para mim. E me sinto confiante da veracidade desse sentimento que, desde aquele momento até agora, só cresceu.

Ao longo dos anos, tentei me aproximar dele por vezes o bastante para saber que apenas receberei em troca a mesma atitude enfurecedora, nada honesta e muitas vezes sutilmente manipuladora. Algum tempo atrás, tive um período sem contato, mas não sinto mais a necessidade de ser tão combativo. Apenas não sinto mais vontade de vê-lo, nem sinto mais que tenho o dever ou a obrigação de fazer isso. Só por eu tê-lo perdoado não significa que agora quero conhecê-lo melhor. Mas quem sabe o que pode mudar com a vida.

Quando me abri para outras pessoas sobre minhas experiências, encontrei muitas com histórias semelhantes de Budas problemáticos do tipo ogro e suas dificuldades em aceitá-los. Aqui está um breve exemplo de uma amiga sobre sua jornada para abordar sua mãe a respeito do que acontecera com ela quando criança. Isso ilustra a importância de baixar a arma da culpa por tempo suficiente para que as partes se sintam seguras o bastante para falar aberta e honestamente.

Lavagem de roupa suja

Jess sempre teve um relacionamento difícil com sua mãe. Ela começou a ir a um psicoterapeuta graças a um período de insônia e pesadelos, e começou a examinar algumas das questões mal resolvidas em seu relacionamento. Ela disse: "Parecia como uma grande rocha que você tinha de levantar e olhar embaixo". A maior questão para ela era: "Por que você [sua mãe] não me protegeu quando eu era abusada quando criança?"

Ela sempre soube que, se você não trabalha em suas questões, então nada mudará nos seus relacionamentos. "É mais fácil falar do que fazer. Você simplesmente não pode resolver se livrar de todas essas histórias e emoções de um dia para o outro, você não sabe quanto vai demorar." No fim, o processo pelo qual ela passou na psicoterapia levou três anos. "Primeiro, tive de lidar com minha culpa. Depois de parar de me culpar, percebi que nós duas poderíamos nos sentir seguras o bastante para baixar nossas defesas e começar a falar direito." Durante esse período, ela abordou a mesma coisa com sua mãe repetidas vezes. Ela disse: "Eu precisei ter uma verdadeira perseverança".

Jess sentiu que sua mãe precisava ter as mesmas conversas várias vezes para ajudá-la a abordar as coisas devagar. "A disposição da minha mãe de falar várias vezes sobre o que aconteceu e como me senti – para enfim analisar toda a questão – fez dela um Buda aos meus olhos."

Jess relatou como sua mãe finalmente admitiu que ela tinha sido egoísta e não viu o que acontecia de fato. No fim, ela disse que sentia muito. Jess ficou bem surpresa que esse nível de resolução tenha sido possível depois de 20 anos.

Recentemente, ela estava com seu pai, olhando fotos de quando era pequena e se lembrando com alegria de alguns dos belos momentos. Ela disse que foi como "lavar a roupa suja". Jess continuou: "Acredito que enquanto eu continuar a desapegar dos rancores e da raiva, toda essa sujeira será lavada completamente".

Como lidar com ogros

Aceitar essas pessoas no ponto mais distante do espectro problemático demanda muito tempo, paciência e bondade para consigo mesmo. Às vezes precisamos nos afastar, criar distância e limites sólidos – por exemplo, cessei toda comunicação com meu pai por vários anos, para que eu pudesse examinar meus sentimentos sem que eles ficassem mais confusos. No entanto, às vezes parece apropriado se aproximar das pessoas e abrir as linhas de comunicação.

Ao longo do caminho, um passo crucial é reconhecer toda a dimensão das suas emoções e deixar a força delas fluir por você – sejam quais forem e da forma que for. Muitas vezes, creio eu, as pessoas acreditam que emoções negativas como raiva, ódio e ressentimento são más e senti-las é um sinal de que não estamos curados. Se estamos tentando curar a ferida, elas podem pensar, por que deveríamos abri-la e fazê-la doer ainda mais? Mas, antes que possamos ter a esperança de começar a cura, é preciso arrancar as velhas e endurecidas bandagens e, como sugere Rumi, deixar a luz penetrá-la – olhar para dentro da ferida que está por baixo, oculta da visão por todos esses anos. Para mim, pelo menos, entrar em contato com minha raiva e perceber sua intensidade total foram passos necessários nesse caminho. Às vezes as coisas têm de piorar – ficar mais dolorosas ainda – antes de melhorar. Na realidade, é claro, as coisas na verdade não ficam mais dolorosas, só começamos a ter consciência da dor que já está lá – e que a conscientização crescente é o ponto crucial da abordagem da atenção plena.

Outro passo importante é assumir a responsabilidade por seus próprios sentimentos e parar de culpar os outros. Carl Jung referiu-se a isso como "retirar a projeção da nossa própria sombra sobre os outros". Como vimos, só quando você para de culpar é que as duas partes podem se sentir seguras o bastante para falar abertamente e as coisas podem começar a andar para a frente. Isso inclui não se culpar.

É importante apreciar que as partes diferentes da nossa mente, personalidade e consciência, crescem em escalas distintas. Eventos traumáticos podem deter completamente o desenvolvimento de algumas partes do nosso ser. Na prática do Zen e da atenção plena, não tentamos educar ou alterar essas partes do nosso eu. Nosso trabalho é dar tempo e espaço para esses aspectos presos ou de sofrimento da nossa criança interior serem reconhecidos, vistos e totalmente aceitos. Apenas quando formos totalmente aceitos, eles naturalmente crescerão para se juntar ao resto da nossa mente adulta. Esse é um processo de aprender como reformular suas memórias da infância – tudo o que você viu quando criança por meio da sua percepção pueril – para que você pudesse vê-las, e começar a relacionar-se com elas, com seus olhos adultos.

Para mim, tem sido um longo processo de descoberta, negação, dor, exploração, confusão, conversa, aceitação e desapego. Percebi que, para mim, agora, não se trata mais do que meu pai fez ou não, ou qual verdade está mais certa. É sobre reconhecer como me sinto sem querer ser diferente. Quando permitimos que as coisas sejam apenas o que são, então chegamos a uma posição de perdoar. Mas, lembre-se, perdoar alguém não diminui a gravidade do que a pessoa fez, nem indica que você quer ser amigo dela – ou até falar com ela novamente. O perdão significa perceber que continuar com raiva, ódio ou culpa não pune o outro pelo que ele fez, apenas machuca você mesmo. O perdão significa abrir nossas mãos e renunciar ao fardo pesado desse ressentimento. Como resultado, a vida parecerá mais leve e livre.

Capítulo 13

Budas de Si Mesmo

A esta altura, tenho a certeza de que você entendeu que nosso trabalho em relação às pessoas problemáticas é, na realidade, sobre nós mesmos e como nos relacionamos conosco. Em essência, o único Buda problemático que você realmente tem é você mesmo. No entanto, há uma quantidade de áreas específicas em torno do eu problemático que gostaria de formular e explorar aqui.

Em primeiro lugar, a pessoa mais difícil a quem levar gentileza e compaixão é você mesmo. Perdoar um ogro muitas vezes pode parecer mais fácil do que perdoar a si mesmo. Ser gentil e sentir compaixão por si significa se amar, e, assim como acontece com qualquer um, apaixonar-se demanda tempo, confiança e honestidade. Se, no passado, você nunca se deu essas coisas (ou nunca as recebeu dos outros) então a autocompaixão não vem fácil – pelo menos a princípio. É essencial se dar um grande desconto e pegar leve. Lembre-se, sua intenção é a coisa mais importante.

Aceitação dos seus próprios traços

Uma forma pela qual podemos facilmente nos tornar nosso Buda problemático é se não conseguimos aceitar nossos muitos traços inatos de caráter, peculiaridades e limitações.

Aqui vai um exemplo da minha vida. Recentemente, comecei a fazer minha própria massa de pizza. Há não muito tempo, minha esposa e eu estávamos na cozinha e eu tentava esticar a massa na bancada, enquanto ela preparava as coberturas. À medida que conversávamos, meus dedos ficavam pegando na massa grudenta. Coloquei mais farinha e sovei um pouco mais a massa. De repente, fiz um buraco em uma área que deixei fina demais. Enquanto eu tentava consertar, tentando não deixar meus dedos grudarem na massa de novo, continuamos a conversar. Vi que, quanto mais eu esticava um lado da massa, mais o outro contraía. Eu estava ficando cada vez mais frustrado com minhas ações trabalhosas dando errado. Meu rosto estava vermelho e meu corpo esquentava enquanto subia a energia da frustração. Quando eu estava prestes a criticar minha esposa por algo ridículo, como cortar os alimentos falando alto demais, consegui segurar minha língua. Com algum esforço, consegui manter bastante ordem emocional - aceitar o que eu sentia, mas influenciar conscientemente a expressão desses sentimentos -, evitar explodir de forma injustificada com minha esposa. É claro que ela não estava fazendo muito barulho enquanto cortava - eu apenas tinha chegado ao meu ponto de ebulição!

Desde que eu era criança, sempre achei tarefas manuais enjoadas e frustrantes (eu nunca poderia ter me tornado cirurgião!). No entanto, nem sempre tive uma percepção suficiente, sendo capaz de arrefecer minha frustração crescente e evitar dar coices. Quando adolescente, minha mãe parou de me pedir para fazer quaisquer tarefas manuais do tipo faça-você-mesmo porque ela aprendeu, por experiência própria, que eu ficaria irritadíssimo e desagradável como resultado da minha frustração. Com os anos, tive de aceitar que certas tarefas manuais me frustraram para caramba.

Hoje em dia, em geral, fico menos irritável, porque aprendi a notar e a deixar os brotos iniciais da frustração emocional crescerem e serem reconhecidos, em vez de serem suprimidos ou ignorados (autorizando-os então a crescer fora de controle sob minha consciência). Também aprendi a aceitar que trabalhos espinhosos irão me frustrar - isso é apenas parte de quem eu sou. O evento da massa de pizza que descrevi transformou todas as sessões de elaboração de pizzas posteriores em oportunidades fantásticas de cultivar minhas habilidades em atenção plena e aceitação!

Aqui está outro exemplo de um amigo, Oliver, que é praticante do Zen e, por natureza, totalmente distraído.

Roubando o tempo dos outros

O próprio Oliver admite que muitas vezes esquecia as luzes acesas na escola de idiomas onde trabalhava, deixava as portas destrancadas e perdia livros, malas e chaves com regularidade. Ele disse: "Meu gerente logo me lembrava de como meus esquecimentos tornavam as coisas difíceis para os outros". Ele continuou: "Por outro lado, um dos outros professores, que era eficiente e bom em se lembrar de tudo muitas vezes, expressava sua irritação comigo e reclamava que eu estava 'roubando seu tempo'. Oliver costumava pensar: "Quando eles ficam bravos comigo por ser esquecido, o que posso fazer? Não é de propósito. Como vou me aceitar por ser quem sou quando me sinto culpado por ser eu mesmo?"

Oliver continuou: "No início, você apenas promete para si mesmo que não fará isso de novo - até que você faz. E de novo!" Com o tempo, ele percebeu a importância de assumir a responsabilidade por suas ações, muito embora elas não fossem intencionais. "Eu comecei a admitir para mim mesmo e para os outros quando eu me atrapalhava. Desenvolver meu relacionamento comigo mesmo tem sido um processo contínuo - aceitar quem sou agora e, ao mesmo tempo, tentar fazer o que posso para melhorar para o futuro."

Hoje em dia, ele é grato pelas pessoas mais eficientes na sua vida. "Eles me mostraram os pontos cegos na minha atenção." Ele refletiu: "Eu realmente tive de me abrir às pessoas que irritei e pedir desculpas". Mas isso levou algum tempo, e Oliver disse: "Eu tive de fazer isso em várias ocasiões". Com esse processo, ele falou que agora se entende muito melhor e, ao longo dos anos, encontrou muita melhora em sua distração. "No último ano, perdi um livro apenas uma ou duas vezes!"

Não é fácil quando as pessoas nos apontam nossas falhas de caráter, como claramente aconteceu ao Oliver. É muito tentador adotar uma postura defensiva, tentando justificar nossas ações - tanto para os outros quanto para nós mesmos. Mas é apenas aprendendo a aceitar nossos pontos fracos – onde erramos e no que não somos tão bons (e honestamente nos desculparmos quando fomos inconvenientes com alguém ou o magoarmos) – que encontramos o professor dentro de nós e nos aproximamos de quem genuinamente somos. Aprendemos a tirar as máscaras protetoras e expressar uma honestidade mais profunda, tanto interna quanto externamente.

Opiniões

Outra grande área de dificuldade a respeito do Buda problemático de nós mesmos gira em torno de nossas opiniões. De certa forma, as opiniões podem ser vistas como distintas de pensamentos ou emoções; elas são visões, julgamentos ou avaliações formados na mente sobre uma questão específica, mas podem surgir por causa de uma série de pensamentos e/ou emoções.

A princípio, quero enfatizar que é importante e totalmente natural formar opiniões – desde que permaneçamos cientes do que elas são: apenas opiniões. Buda estava bem consciente disso. Ele admitiu que, embora algumas visões sejam limitadoras, outras podem ser úteis, especialmente em nos fazer avançar no caminho espiritual.[24] As opiniões só começam a ficar problemáticas quando começamos a nos apegar a elas. Buda disse: "Aqueles que se apegam a percepções e visões vagam pelo mundo ofendendo pessoas".[25] Quando perdemos de vista o fato de que nossas opiniões são somente opiniões, aos poucos elas vão se tornando crenças e deixamos de nos abrirmos a outros ângulos e perspectivas. Acabamos defendendo nossa posição estanque porque é a ela que nos amarramos. O modo técnico de descrever isso é dizer que nos "identificamos" com elas. Tenho certeza de que todos já fomos vítimas disso quando uma conversa passa de um debate para uma polêmica. Nesse ponto, a outra pessoa parou de ficar interessada nas suas visões e apenas quer persuadi-lo de que as

24. Isso é expresso em: Nyanaponika Thera, tr., *Alagaddupama Sutta* (MN 22), 2006, disponível em: <www.accesstoinsight.org/lib/authors/nyanaponika/wheel048.html#section-13>.
25. Thanissaro Bhikkhu, tr., *Magandiya Sutta*, 1994, disponível em: <www.accesstoinsight.org/tipitaka/kn/snp/snp.4.09.than.html>; <fakebuddhaquotes.com/people-with-opinions-just-go-around-bothering-each-other>/.

opiniões dela estão certas e vencer a discussão. Por fim, agarrar-se às opiniões só serve para nos confinar.

Embora o Buda avaliasse que algumas visões podem ser úteis, ele achava que, no fim, todas as visões e opiniões deveriam ser descartadas. Ao descrever isso, ele usou uma analogia – disse que visões úteis são como uma balsa que nos ajuda a cruzar um rio para chegar à margem mais distante (que na sua visão é a margem do despertar). Uma vez feito o trabalho, no entanto, a balsa deve ser abandonada, e não carregada e exibida por aí.[26]

É complicado trabalhar com opiniões e crenças. Às vezes, é difícil reconhecer que defendemos certas crenças porque elas ficam profundamente arraigadas na nossa visão de mundo. Acho que uma grande forma de testar a leveza com a qual você defende suas opiniões é com debates com outras pessoas. Se suas discussões regularmente viram discursos longos e muitas vezes você se sente compelido a convencer a outra parte de que está certo e ela está errada, então esse é um bom indicativo de que suas opiniões podem ter solidificado um pouco demais. Como seria abordar a discussão com a intenção primeiro de entender e depois de ser entendido? E então buscar formas de construir uma ponte entre as diferenças nas suas opiniões – ao contrário de a tentar defender suas visões com unhas e dentes.

Algumas pessoas da sociedade costumam julgar alguém que não traga consigo um caminhão de opiniões sobre todos os tipos de coisas como sendo frívolo, chato, vazio ou talvez até moralmente fraco. Mas ter ciência das nossas opiniões, e não as levar tão a sério, nos dá a liberdade de estar em um lugar de ambiguidade e paradoxo, no qual as verdades conflitantes podem ficar lado a lado.

Muitos professores escreveram sobre a importância de desapegar das nossas opiniões. O terceiro ancestral chinês do Zen, Sengcan, escreveu em seu poema *Xinxin Ming* (Versos sobre a Fé na Mente): "Não busques pela verdade; apenas deixes de nutrir opiniões"[27]. Nós

26. Veja "The Raft Parable" *in:* Nyanaponika Thera, tr., *Alagaddupama Sutta* (MN 22), 2006, disponível em: <www.accesstoinsight.org/lib/authors/nyanaponika/wheel048.html#section-13>.
27. Disponível em: <Fakebuddhaquotes.com/dont-keep-searching-for-the-truth-just-let-go-of-your-opinions/>.

também sabemos que o grande mestre Zen Joshu gostava de citar os primeiros versos desse mesmo poema, visto que ele realmente chega ao cerne da questão:

O Grande Caminho não é difícil para aqueles que não têm preferências.

Quando o amor e o ódio estão ambos ausentes, tudo fica claro e franco.

Faça a menor distinção, no entanto, e você ficará tão longe dela quanto o céu é da terra.[28]

Delusões

Desde cedo desenvolvemos ideias sobre nós mesmos que, estejam elas certas ou erradas, plausíveis ou não, gentis ou não, em uma curta ordem se fixam nas nossas mentes. Quando Katy tinha sete anos, por exemplo, um primo fez a observação grosseira de que ela tinha um nariz grande. Aos 13 anos, ela odiava ver seu rosto de perfil e aos 22 economizou dinheiro o bastante para pagar por uma cirurgia plástica. Não importava o tamanho real do nariz dela, a crença ficou tão forte que Katy estava disposta a pagar por uma cirurgia para modificá-lo.

No Budismo, ideias que se tornam fixas em crenças são chamadas delusões. O mundo não é fixo; as coisas estão em um fluxo constante. Qualquer coisa que tentamos solidificar ou objetificar de qualquer forma deve necessariamente ser falsa. Uma das delusões fundamentais apontadas pelo Budismo é a de ver nosso eu como fixo e invariável. Podemos até ter uma sensação de que somos de fato imutáveis.

O eu inconsciente gosta de acreditar que ficaremos para sempre jovens e saudáveis, mesmo quando sabe que isso é impossível – uma coisa de que podemos certeza é de que adoeceremos de vez em quando, envelheceremos e, um dia, morreremos. Mesmo quando notamos aqueles primeiros cabelos grisalhos, pode ser difícil para todo o nosso ser aceitar que não somos uma entidade permanente e imutável (a ponto de mentir no nosso leito de morte).

28. Veja o caso 2 no *Hekiganroku* (*Blue Cliff Record*).

Objetificar, concretizar, fixar ou se apegar a algo sempre levará à dor no fim. Por exemplo, você tinha aquela calça jeans favorita, e ela sempre serviu incrivelmente e parecia muitíssimo confortável. Então, quando ela começa a ficar velha, você acha difícil de aceitar. Você continua a usá-la, achando que os remendos gastos deixaram o jeans melhor, ao passo que, na verdade, ela agora está bem longe de ser legal e alargou de um jeito nada lisonjeiro. O apego sempre causa mais dor do que o desapego. O apego significa que estamos nos deludindo; significa que você não está realmente vendo o mundo como ele é, mas, sim, uma versão fantasiosa dele.

Quando as crenças ficam fixas, as coisas acontecem de forma diferente do que esperávamos ou queríamos, e ficamos insatisfeitos, desapontados e frustrados. É assim que nosso eu problemático nos causa sofrimento. O antídoto para isso é a conscientização. A conscientização traz luz a ideias, conceitos e pensamentos que ficaram congelados na nossa mente, e começamos a ver os hábitos, as reações e os comportamentos inúteis que adotamos em resposta a eles.

E, como notamos mais, é absolutamente essencial trazermos a essa conscientização uma atitude de franqueza, e não de julgamento. Quando conseguirmos trazer uma consciência aberta, de aceitação ao momento presente, então começaremos a ver as coisas mais próximas do que elas realmente são.

Eu gostaria de encerrar este capítulo com uma breve prática de autocompaixão.

Prática de autocompaixão

Sente-se em uma postura ereta confortável. Você deve se sentir alinhado, equilibrado e relaxado. Seu olhar deve pairar suavemente nessas palavras. Solte qualquer tensão no seu rosto e ombros, e relaxe o abdômen.

Examine seu corpo em busca de algum sentimento físico de desconforto ou dor. Talvez haja algo óbvio logo de cara, ou não. Não se apresse. Se notar várias áreas de desconforto, tente encontrar a área mais intensa. Veja se pode colocar sua atenção bem no meio dessa sensação. Se for intensa demais, então talvez você possa escolher uma área próxima à zona de intensidade.

Dor e desconforto não são sensações agradáveis, mas, em vez de instintivamente se retrair como você poderia fazer, tente ser curioso em relação a elas: a sensação é cortante ou difusa? É constante ou intermitente (talvez sucessiva)? É forte ou leve? Tem uma cor associada a ela? Tente permanecer com esse desconforto como você faria com um amigo íntimo, vendo-a com o máximo de gentileza e paciência que você puder. Coloque metaforicamente um braço em volta dela e sente-se ao lado. Não é errado sentir dor no seu corpo; a dor é um mensageiro. Que mensagem sua dor comunica? Não precisa tentar arrumar nada – apenas preste atenção.

Agora tire sua atenção do desconforto. Coloque suas mãos no coração (ou em qualquer outra área do corpo que o acalme). Sinta o toque suave e note que efeito esse gesto tem em seu corpo. Reconheça que você nem sempre é tão gentil consigo e com os outros como poderia ser. Como seria se perdoar por todos os seus erros e falibilidades? Diga para si: "Eu me perdoo". Resolva agora fazer seu melhor para não cometer esses mesmos erros de novo.

Diga para si: "Que eu me aceite como sou. Que eu seja gentil e carinhoso. Que eu tenha saúde, felicidade e paz".

A Parte 4 aborda como vemos por meio da ilusão de um eu separado e imutável, e acordamos à realidade dinâmica da interconexão, do vazio e da unidade. Fazendo isso, podemos começar a ver as pessoas problemáticas nas nossas vidas como Budas – como Budas problemáticos.

Parte 4
Ver as Pessoas Problemáticas como Budas

Capítulo 14

Como Perceber a Natureza Búdica

Na Parte 1, discuti a metáfora de uma cadeia de montanhas envolta em nuvens, com os picos rochosos projetando-se para cima do véu enevoado. A visão de ver muitos picos de montanhas distintos representa nossa perspectiva convencional. A partir desse ponto de vista, vemos pessoas diferentes, diferenciamos casas de árvores, lagos e mesas, e distinguimos os sabores do chocolate e do café. Esse é o mundo da dualidade, da divisão e da distinção, e é onde muitos de nós vivemos o tempo todo ou na maior parte dele. A distinção é importante, pois nos permite julgar o que é saudável e o que é venenoso, e determinar o que é apropriado. Permite-nos também perceber o prazer, a dor e o sofrimento. Mas vem com um preço. A discriminação descreve um mundo de separação. Pensamos: "sou diferente de você", o que instintivamente leva a uma atitude de protecionismo autocentrado, pois refletimos: "preciso me proteger porque o grande universo é um lugar hostil". Percebemos o mundo em termos do que são conhecidos como "jogos de soma-zero" – o que significa que, enquanto você vence ou ganha algo como dinheiro ou fama, um outro alguém perde (e, por isso, a soma total permanece zero). Acreditar que o mundo seja composto de coisas separadas é um caminho que levará a sofrimento e infelicidade no fim.

Entretanto, há outra perspectiva. Como mencionamos na metáfora da cadeia de montanhas, quando as nuvens se dissipam, podemos ver como os topos das montanhas conectam-se uns ao outros por meio de fundos de vales. Todas as montanhas fazem parte de uma cadeia – da mesma forma, você e eu, casas, planaltos e chocolates, estão todos ligados e são apenas partes diferentes, ou manifestações, do todo. Para ter uma sensação dessa visão diferente, tente determinar onde está a margem do seu corpo. "Com certeza é minha pele", você diz – mas e o calor que irradia da sua pele? Ele é "seu"? E sua respiração? Em que ponto ela se torna "você" e "deixa de ser você"? Esses são apenas os aspectos físicos; e as ideias e memórias? Quando você ensina seu colega a reiniciar a impressora quando ela funcionou mal, essa ideia é "sua"? Quando ela deixa de se tornar sua? É impossível dizer. Essas questões nos orientam em direção a um mundo de unidade, não dualidade e vazio. Sua pele, sua respiração e suas ideias não são coisas separadas – são todas expressões desse universo único. Dessa perspectiva, o universo não é cheio de objetos distintos, mas de processos dinâmicos, interligados, interdependentes e que surgem juntos. Isso é o que "vazio" realmente significa no contexto budista.

É para essa visão não dual, impermanente, interdependente que Buda despertou há todos esses séculos (a palavra Buda significa "o desperto"). Ele viu que o único motivo para algo existir é porque tudo no universo está interconectado e em um constante estado de mudança. É por isso que os budistas se referem a essa característica de mudança fundamental, universal e compartilhada como natureza búdica. É algo que todos temos. Mas, infelizmente, poucas pessoas percebem. A natureza búdica, portanto, tem um sentido dual – significa a qualidade da não separação, mas também se refere ao potencial subjacente em todos nós de ver ou despertar para essa perspectiva – como fez Buda.

Estritamente, a natureza búdica não é, na verdade, algo que temos, mas algo que somos. Ultrapassa todos os conceitos disso e daquilo, saber e não saber, ou de certo e errado. Apenas é (sempre foi e sempre será). Sim, pode estar temporariamente obscurecida por nossos comportamentos condicionados, crenças, apegos e constrições, mas está sempre lá – assim como o sol quando este fica atrás de muitas nuvens.

O que significa ver a natureza búdica de alguém?

Assim como você, cada uma das pessoas que achamos problemáticas nas nossas vidas é uma manifestação desse universo único. Cada um de nós é como uma faceta de uma joia gigante – facetas diferentes, mas de uma única joia. Perceber as pessoas assim significa ver *sua* natureza verdadeira ou natureza búdica. No Zen, há vários *koans* criados para nos ajudar a passar a ver as coisas desse modo. Um deles é: "Sr. Chang bebe vinho, Sr. Li fica bêbado".[29] De um ponto de vista convencional, essa frase não faz sentido. Como o Sr. Li fica bêbado quando é o Sr. Chang que bebe o vinho? Se isso acontecesse com regularidade, o Sr. Li acabaria achando o Sr. Chang problemático! Mas de um ponto de vista não dualista, não discriminativo, o Sr. Li e o Sr. Chang são tão separados quanto sua mãe esquerda é da direta, ou como um pico de montanha é do outro. Quando o Sr. Chang bebe, não só o Sr. Li fica bêbado, mas também todo o universo. Isso porque o Sr. Chang e o Sr. Li não são objetos distintos e isolados, mas dois lados da mesma moeda. Da mesma forma, quando você diz ou faz algo torpe, não só a pessoa que recebe a ação sofre – mas você também e todo o cosmos. Porque estamos tão intimamente interconectados e interdependentes que qualquer ação, por menor que seja, afeta todo o resto. É como a alegoria da borboleta que bate suas asas na América do Sul e provoca uma tempestade na Europa.

Como dissemos antes, quando encontramos qualquer tipo de comportamento desafiador, instintivamente supomos que estamos sob ameaça. Enrijecemos nossa postura e nossas reações ficam defensivas. Como a sobrevivência depende da nossa habilidade de distinguir com precisão, qualquer tipo de ameaça nos enviará automaticamente para a visão de mundo separativa dualista. Por isso é tão difícil, no calor do momento, manter uma sensação da perspectiva não dualista. Por isso praticamos. Primeiro, praticamos encontrar (e então manter) a perspectiva da unidade em situações fáceis, inofensivas

29. Essa frase muito provavelmente originou-se no *Ummonroku* (*Registro de Ummon*). Uma frase equivalente apresentada por Torei é: "O gado de Huai Province come grãos; os cavalos de Yi Province ficam satisfeitos", citada em: T.Cleary, tr., *The Undying Lamp of Zen: The Testament of Zen Master Torei*, Berkeley Shambhala, 2010.

– como meditar no conforto do nosso lar. Então, aos poucos, aprendemos a manter contato com essa perspectiva em situações cada vez mais desafiadoras, pois o nosso senso de ameaça se ativa e sentimos esse desejo instintivo de nos fecharmos ou nos contrairmos.

A natureza búdica está sempre lá. Não é algo que ganhamos ou perdemos. É parte do que somos. Ela apenas fica obscurecida ou oculta sob camadas de sujeira (sofrimento). Aquelas pessoas com mais camadas de sujeira sofrem mais. Seu comportamento problemático é, de fato, um indicativo de sua dor subjacente. Então, em vez de afastarmos essas pessoas ou ficarmos bravos com elas por serem irritantes ou odiosas, realmente precisamos sentir mais compaixão por elas. Precisamos agir com mais gentileza, sensibilidade, paciência e tolerância com elas, não menos. Sei que não é fácil – especialmente quando elas não veem (ou não conseguem aceitar) sua gentileza e criticam ou a jogam de volta em você. Requer muita força e coragem permanecer ciente da natureza búdica de uma pessoa problemática, e permanecer gentil e compadecido em suas respostas a ela.

Felizmente, a sujeira que obscurece e disfarça nossa verdadeira natureza tem o potencial de se tornar um composto muitíssimo fértil. Tradicionalmente, a flor de lótus vem para simbolizar a natureza búdica. As flores de lótus gostam de crescer em lagos lodosos, e, nessa imagem, a lama representa nosso sofrimento. Sob as condições certas, a semente de lótus dormente, enterrada na lama, pode brotar. Ainda pode demorar muito para a muda encontrar sua saída do atoleiro escuro e crescer na direção da luz. No entanto, quando ela rompe a superfície da água (representando o momento no qual percebemos nossa verdadeira natureza), uma linda flor nascerá. Sem o estrume não haveria flor, mas a flor, uma vez acima da superfície e aberta sob o sol, é deixada imaculada pela lama. Ao interagirmos com uma pessoa problemática, como seria focar não na sujeira (nas coisas que o incomodam ou irritam, nas observações maliciosas ou nos comportamentos egoístas), mas no potencial da pessoa para essa flor de lótus crescer e florescer? Na minha experiência, isso abre uma forma totalmente nova de ver todas as outras pessoas, inclusive aquelas que achamos mais difíceis.

Mesmo aquelas pessoas que abusaram de você, ou provocaram uma dor profunda, têm uma natureza búdica. Pode parecer que elas são separadas de você – talvez até queira que estejam tão separadas de você quanto for possível –, mas a verdade é que não estão. Querer que elas estejam separadas apenas cria mais sofrimento. Sei que pode ser dificílimo até mesmo cogitar a possibilidade dessa perspectiva quando essas pessoas cometeram coisas tão terríveis. Mas não importa o quanto de distância física ou emocional você tente colocar entre você e elas, fundamentalmente elas ainda fazem parte desse universo tanto quanto você. Não dá para cortá-las da realidade. Saber isso não torna as ações delas certas, nem as desculpa ou diminui a dor que lhe causaram de qualquer forma. Mas quando passamos a ver a inseparabilidade do universo, temos de calcular que ele inclui tudo – do mais belo e agradável ao mais feio e doloroso. Como seria se você tivesse de se relacionar com esses ogros abusivos no nível de sua natureza búdica? Tudo isso poderia ter sido enterrado há décadas por montanhas de dor, desejos, apegos e crenças, mas, sob todas essas coisas, está lá.

Agir a partir desse reconhecimento

Se reconhecermos que as ações das pessoas que achamos problemáticas vêm fundamentalmente de um lugar de sofrimento – das camadas de sujeira que cobrem e obscurecem sua verdadeira natureza –, qual seria a forma mais sensata e inteligente de responder a esse sofrimento? Qual seria a forma mais gentil de responder a elas?

Existe um *koan* Zen que nos encoraja a olhar diretamente para essa charada: "Qual é o *samadhi* de Kannon?" Nós o encontramos no capítulo 4. Kannon é o nome japonês de Avalokiteshvara, o *bodhisattva* (que significa "ser iluminado" ou encarnação) da compaixão, que testemunha o sofrimento do mundo e adota todas e quaisquer ações bondosas para aliviá-lo. *Samadhi* é uma palavra em sânscrito que significa literalmente "recompor" ou "reunir". No Budismo, é muitas vezes usada com o significado de uma absorção meditativa em um ponto ou concentração focada.

Na escola Zen, entretanto, *samadhi* é usado de duas formas: há a concentração absorta em um ponto encontrada pela meditação parada e, então, há o *samadhi* em ação. Esse *koan* usa o *samadhi* no último sentido - fazer o que precisa ser feito a partir da mente da iluminação e da compaixão. Ações adotadas a partir da mente do *samadhi* são diferentes daquelas que adotamos normalmente. Na maior parte do tempo, agimos por razões egoístas - estejamos conscientes disso ou não -, como querer reconhecimento ou agradecimento, ou tentando receber algo em troca. As ações realizadas com a mente do *samadhi* não são feitas pensando no que deveria ou não acontecer, no que outras pessoas poderiam achar ou porque estamos buscando uma recompensa. O mestre Zen Hakuin foi um grande proponente desse tipo de *samadhi*. Ele costumava dizer: "A meditação no meio da atividade é mil vezes superior à meditação em silêncio".[30]

Isso não quer dizer que todos sempre serão felizes com ações feitas com *samadhi* - mas a ação em si não é o principal fator; a coisa importante é seu estado mental na hora de agir. Ações iluminadas são feitas com a intenção subjacente de aliviar o sofrimento, e nunca com a intenção de criar mais. Assim como um barco cria um padrão de água agitada e com ondas enquanto se movimenta, as ações egoístas criam um resultado turbulento de sofrimento (seja ele sentido na hora, seja em algum momento do futuro). Por isso dizem no Budismo que "a ação iluminada não deixa rastros". Quando falamos ou agimos com a intenção de reduzir o sofrimento, então o coração será deixado em paz. Mas não deixar rastros não quer dizer que as ações feitas com *samadhi* não tenham consequências. A palavra ou o gesto certos feitos com carinho no momento correto têm o potencial de trazer um grande consolo ou discernimento profundo que podem mudar o curso de uma vida.

O exemplo tradicional que ilustra o *samadhi* de Kannon é a ação de estender a mão atrás de sua cabeça no meio da noite para ajustar seu travesseiro[31] - assim como você faria para um doente

30. N. Waddel, tr., *Wild Ivy: The Spiritual Autobiography of Zen Master Hakuin*, Berkeley, Shambhala, 2010.

31. Este exemplo origina-se no caso 89 do *Hekiganroku* (*Blue Cliff Record*). Ungan perguntou a Dogo: "Para que o Bodhisattva da Grande Misericórdia usa tantas mãos e olhos?"

dormindo em um leito de hospital, ou para seu parceiro, cujo travesseiro está prestes a cair da cama. Como eles estão dormindo não vão lhe agradecer, ou até mesmo saber que você fez alguma coisa. Você faz natural e espontaneamente, por amor e um desejo de aliviar o sofrimento.

Nós nunca podemos forçar o *samadhi* em ação – se o forçarmos, deixará de ser o que é. A ação iluminada começa a acontecer espontaneamente apenas depois já conseguirmos um bom aterramento no *samadhi* em silêncio (a concentração focada em um ponto já mencionada). Devemos primeiro desenvolver uma consciência estável da nossa experiência no momento presente por meio da meditação (em um ambiente inofensivo, com distrações mínimas). Por meio dessa consciência, examinamos quem somos: nossos hábitos e carências, incluindo o motivo pelo qual queremos reconhecimento ou agradecimento pelas atitudes que tomamos, e nosso senso de identidade. Uma vez estabelecida uma disposição firme de reconhecer e aceitar o sofrimento que encontramos neste mundo, inclusive em nós mesmos, então podemos cultivar um desejo altruísta profundo de aliviar esse sofrimento e começar a fazer tudo o que for necessário.

No capítulo 4, deparamo-nos com a parábola Zen de dois monges que encontraram uma jovem que precisava de ajuda para atravessar um rio. O monge veterano pegou a mulher e a carregou em seus ombros pela água, mas, por algum tempo depois, o monge novato se irritou com o acontecimento porque seu companheiro quebrou as regras monásticas sobre tocar mulheres. De fato, a mulher se tornou seu Buda problemático.

Esse é um exemplo excelente de quando a ação solidária pode superar as leis e as regras. Guiado por seu conhecimento e aterrado na consciência e na compaixão, o monge veterano decidiu que poderia temporariamente desconsiderar a regra para ajudar essa mulher. No entanto, se o monge novato tivesse realizado isso sem esse aterramento em autoconhecimento e sabedoria, poderia ter feito mais mal do que bem (o motivo pelo qual as regras sobre tocar mulheres

---

Dogo respondeu: "É como uma pessoa endireitando o travesseiro com a mão esticada no meio da noite".

existem é para manter os pensamentos dos monges no bom caminho). A moral dessa história é que, antes de começarmos a olhar profundamente e com honestidade para dentro de nós, ações espontâneas podem ser impulsionadas por carências e desejos insondados – mesmo se eles parecem ser solidários. Mas, uma vez desenvolvida uma sabedoria, bem como aceitação e visão clara suficientes, a ação espontânea se torna o *samadhi* de Kannon.

Capítulo 15

Encontrar Seu Santuário

Elisabeth Kübler-Ross disse: "As pessoas belas não aparecem do nada".[32] Ser atento é estar consciente do que acontece no momento presente ao nosso redor e dentro de nós, enquanto deixamos de lado juízos de valor como "isso é melhor" ou "isso é pior". Nós todos temos momentos fugazes de atenção plena em vários pontos do nosso dia, mas permanecer atento em um período maior requer esforço e prática. Além disso, se já é difícil o bastante ficar aberto e conscientemente atento aos nossos sentimentos quando estamos em um ambiente confortável e inofensivo, que dirá manter isso na frente de alguém cujo comportamento achamos difícil? Com o aumento da energia emocional de uma situação, nossos instintos e hábitos começam a tomar conta e, como discutimos, fica cada vez mais árduo permanecer totalmente atentos e não nos sentirmos aflitos ou sobrecarregados por nossas emoções. É mais complicado ficar regulado emocionalmente e agir a partir desse lugar. Por isso dizemos que estar atento ao redor de pessoas problemáticas é uma prática avançada!

O fato de você ter lido este livro é uma prova da sua vontade de mudar a forma como aborda as pessoas problemáticas e aprender com esses encontros difíceis. Saber que essa vontade está viva em você me comove muito. Obrigado por querer ser um ser humano mais sábio e gentil. Mesmo se perdermos as estribeiras de vez em quando e dissermos algo de que nos arrependemos, se tivermos essa

32. E. Kübler-Ross, *Death: The Final Stage of Growth*, Nova York, Scribner, 1997.

intenção estabelecida com firmeza, então, saberemos que estamos seguindo na direção certa.

Nós vimos como, no início de um encontro problemático, podemos logo cair na adoção de uma atitude de "você está errado e estou certo". Mas também vimos que trazer apenas um pouco de consciência e honestidade à situação nos indica que há mais acontecendo do que essa simples dicotomia. A atenção plena nos mostra como trazemos nossa própria história, crenças e hábitos à situação, tanto quanto a outra pessoa. Isso não desculpa o comportamento dela, mas vimos como as emoções que as pessoas problemáticas incitam em nós – a irritação, a raiva ou a dor – podem ser indicadores ou marcadores que sugerem que deve haver algo mais a aprender. Encontros problemáticos podem servir de espelhos: se estivermos dispostos a olhar com bastante honestidade, eles nos mostram onde ficamos presos nas reações habituais, percepções distorcidas ou agindo a partir de crenças ou opiniões fixas. Assim, as pessoas difíceis se tornam nossos Budas do momento.

Nós discutimos como e por qual motivo, no calor do momento, pode ser difícil ficar calmo e não perder a cabeça nem explodir. Em primeiro lugar, quando o cérebro detecta uma ameaça, o corpo passa para o "modo sobrevivência". Isso acontece com qualquer ameaça *percebida*, seja ela real ou prevista, física, social ou mental (imaginada). O corpo se prepara para a ameaça e inicia instintivamente uma reação de luta ou fuga (aumentando a frequência cardíaca, contraindo os músculos e aguçando a atenção), e tira, assim, o controle do nosso cérebro consciente. Em segundo lugar, a mistura de emoções caóticas e conflitantes que um encontro problemático pode gerar pode se tornar tão emaranhada que fica difícil de elaborar os acontecimentos. Porém, podemos aprender a nos regular melhor, tanto individualmente como com a ajuda dos outros, por meio da aplicação das nossas habilidades de atenção e consciência, e respondendo de forma criteriosa as situações. É importante lembrar, no entanto, que, quando as emoções estão à flor da pele, nos regularmos requer recursos mentais crescentes. Por isso deveríamos pegar um pouco mais leve conosco, especialmente quando estamos ocupados com outras coisas ou temos exigências adicionais na nossa vida.

No fundo, lidar com pessoas problemáticas da forma mais sensata é realmente sobre lidar conosco com sensatez. Quando começamos a prestar atenção, vemos que quase todo mundo se comporta em um certo padrão predefinido em se tratando de pessoas difíceis. Alguns são necessitados ou carentes, outros costumam ficar bravos ou tentam evitar conflito a todo custo. Outros ainda operam a partir de visões ou compreensões equivocadas que eles pensam serem reais. Muitas vezes, o que torna a pessoa difícil é que ela provoca ou ressoa em coisas dentro de nós que ainda não aceitamos, ou das quais ainda não desapegamos. Nosso trabalho, portanto, é permitir que nossos encontros problemáticos nos mostrem como reagimos, por medo ou por uma má interpretação, onde estamos nos prendendo, a suposições ou opiniões fixas, e onde estamos evitando a verdade. Uma vez vistas essas coisas, podemos aprender a nos aceitarmos mais totalmente com compaixão e leveza. Saber e nos aceitarmos necessariamente terão efeitos enormes em como simpatizamos e respondemos às pessoas difíceis.

No Zen, ver e aceitar seu próprio sofrimento, desapegar-se de seus arrependimentos e tomar uma decisão de ser mais compadecido e sábio no futuro é chamado *sange* (*san* é a palavra japonesa para arrependimento, *ge* significa resolução). No processo de *sange,* não rejeitamos nossos pensamentos, sentimentos e ações do passado. Apreciamos como tudo o que fizemos - gentil ou odioso, ignorante ou sensato - nos levou a este momento. E este momento é onde você decide desapegar de seus arrependimentos - de todos os seus ressentimentos e mágoas, vergonha e frustrações -, e assumir um compromisso de ser mais sensato e carinhoso no futuro. Estar disposto a encarar o que fizemos e assumir a responsabilidade por isso são passos importantes na nossa prática.

O próximo *koan* que vamos explorar aponta muito nessa direção. A história conta que um monge disse certa vez a Joshu: "Acabei de entrar neste monastério. Rogo-te que me ensines". Joshu perguntou: "Comeste seu mingau de arroz?" "Comi", respondeu o monge. "Então". disse Joshu, "vai e lava tua tigela". Nesse momento, o monge teve um despertar.

O monge que fez a pergunta provavelmente não era um completo novato. Há uma forte tradição no Zen para monges viajarem bastante e buscarem professores importantes (como Joshu) para pedir por seu ensinamento. Cada mestre, é claro, apresenta o ensinamento da sua própria forma, e foi bem compreendido que uma perspectiva nova às vezes pode precipitar uma grande mudança na consciência. Então, esse monge provavelmente tinha alguns anos de experiência, mas no início do encontro ele obviamente ainda não tinha entendido bem a essência do Zen. Pode-se pensar que a troca aconteceu logo depois do café da manhã (o mingau de arroz – *okayu* – é um prato comum do café da manhã em templos Zen, que consiste em uma papa de arroz quente, às vezes com adição de feijões, muitas vezes consumida com gergelim moído e fatias de rabanete em conserva). Quando o monge pede para Joshu lhe ensinar, Joshu faz isso da forma mais direta que conhece. Ele lhe diz para lavar sua tigela.

Isso pode ser visto em um sentido literal e em um mais simbólico. No nível literal, a resposta de Joshu é simples e pragmática. Em um comentário a esse *koan*, o mestre Zen Mumon achou isso de uma obviedade tão ofuscante que ele comparou o monge a um ignorante que foi procurar por fogo com uma lanterna acesa! Joshu instrui o monge a fazer o que precisa ser feito. Se a tigela ainda está suja do café da manhã, então precisa ser lavada. E se você conseguir lavar a tigela com uma atenção completa e presença, então as sensações de "você" "lavando" enfim se mesclarão – você e o ato de lavar se tornarão um. Quando você faz isso, deixa de ter uma distinção entre você e todo o universo. Joshu o encorajava a encontrar essa verdade.

No nível mais simbólico, os pedacinhos de arroz grudento deixados na tigela (que são numerosos se, assim como eu, suas habilidades nos pauzinhos deixarem muito a desejar) representam esses elementos dentro de nós que ainda estão presos – ideias às quais ainda nos apegamos e coisas das quais ainda não desapegamos. Lavar a tigela, portanto, significa fazer *sange*. Significa olhar com firmeza para sua vida e ao que ainda nos apegamos ou resistimos de alguma forma. O ato de lavar é o ato do desapego e de alinhar o modo como vivemos mais estreitamente com a nossa verdadeira natureza.

Mas *sange* não é algo que fazemos apenas uma vez. É um processo que continua por toda a nossa jornada espiritual avançada, enquanto vemos os efeitos das nossas ações passadas com mais clareza e aprendemos a desapegar mais completamente delas. Aos poucos, fazemos um ajuste fino nas nossas vidas para elas estarem cada vez mais de acordo com a nossa verdade. Meu professor Zen me explicou certa vez que primeiro você aprende a largar todas as coisas que acumulou por todos os anos da sua vida – os ressentimentos, as opiniões, os hábitos, a culpa, as expectativas de que as coisas saiam "do seu jeito", e assim por diante. Então, você aprende a não as pegar, para começo de conversa. A verdadeira resposta ao *koan* é viver sua vida sem arrependimentos, e com uma intenção de ser o mais atento e gentil possível.

Ao fazer isso, você se torna mais verdadeiramente você mesmo. Pouco a pouco, verá que se sente cada vez mais à vontade neste mundo, esteja onde estiver fisicamente. Haverá um senso cada vez mais intenso de satisfação – seja ouvindo seu tio desabafar sobre a condição da economia, ou se você acabou de descobrir que seu colega está usando sua caneca favorita, ou ainda se você está quieto sentado na praia ao pôr do sol. Isso nos leva ao último *koan* que veremos: um dia, enquanto Buda caminhava com sua congregação, ele apontou para o chão e disse: "Este ponto é bom para construir um santuário". Nesse momento, Indra, o Imperador dos Deuses, pegou uma folha de grama, fincou-a no solo e falou: "O santuário está construído". Buda sorriu.[33]

O *koan* nos encoraja a perceber que nosso santuário é, na realidade, aqui e agora – neste momento e lugar. Este santuário é o conhecimento de que não importa o que aconteça, por mais maldosas ou irritantes que as pessoas possam ser, e por mais angustiados ou desconfortáveis nos sentirmos, está tudo bem. O que começa como uma pessoa difícil, que apenas queremos que não esteja lá, torna-se nosso Buda do momento – um Buda que pode enfim nos ensinar a

---

33. Caso 4, em *Shoyoroku*, "The World Honoured One Points to the Ground" [O Honrado pelo Mundo Aponta para o Chão"], traduzido em: T. Cleary, tr., *Book of Serenity*, Berkeley, Shambhala, 2005.

como encontrar nosso santuário da satisfação sempre que estamos no mundo, em quaisquer situações em que nos encontrarmos. E nosso santuário é algo que será continuamente refeito e refinado enquanto viajamos pela vida.

Mas nós não precisamos sentir que estamos fazendo isso sozinhos. Quando olhamos em volta, percebemos que nosso santuário é feito dos nossos entes queridos. Um pilar erigido pode simbolizar seus pais, outro pode ser seu parceiro ou melhor amigo, e o teto – esse pode ser toda sua rede de amigos ou comunidade espiritual. Afinal, nós já sabemos que uma pessoa virtuosa nunca está sozinha, e essa amizade, companhia e camaradagem admiráveis são o todo da sua vida sagrada.

Eu desejo a você muitos Budas maravilhosamente problemáticos.

Resumo das Abordagens Encontradas

Apesar de todos os relatos anteriores se passarem em ambientes diferentes e girarem em torno de tipos diversos de pessoas, nós podemos ver uma gama de abordagens comuns em relação a como cada um lidou com seus Budas problemáticos. Destaquei um punhado a seguir, mas talvez você encontre outros – ou os veja de uma forma diferente.

Notar que percepção e realidade são duas coisas diferentes

Nós nunca sabemos a complexidade total da situação, incluindo o que os outros pensam e sentem. É importante avaliar que aquilo que percebemos, bem como os julgamentos e as opiniões que formamos com base nessa informação, sempre será tendenciosos e incompleto.

Parar de acreditar nos seus pensamentos

Uma inferência, preliminarmente, é que nossos pensamentos nem sempre refletem a realidade. Não acredite em todos os seus pensamentos! Aceite que você possa estar errado às vezes. Tentar resolver as coisas intelectualmente nem sempre ajuda.

Virar a lamparina

Isso significa examinar seus pensamentos, sensações, emoções, opiniões e hábitos; investigar com honestidade aberta de onde vem sua dificuldade, frustração ou raiva. Significa ser curioso, em vez de ser crítico.

Sintonizar-se com as sensações físicas

Notar suas sensações físicas pode ajudar de várias formas:

- Porque as sensações só podem ser sentidas no momento presente, estar ciente de como nos sentimos fisicamente (passando nossa consciência pelo corpo) nos ajuda a nos desprender dos enredos complicados de quem fez o que e do que pode acontecer depois. O ato de notar interrompe nossas reações habituais e fornece um espaço para estar com as coisas como elas são.
- As sensações físicas são muito mais simples do que pensamentos, memórias e ideias – mesmo quando às vezes sentimos desconforto ou dor. É, portanto, mais fácil aceitar o que acontece quando nos sintonizamos com o nível das nossas sensações. Além disso, cada emoção tem um epicentro físico em algum lugar do corpo, que podemos encontrar se prestarmos muita atenção. Quando você traz sua atenção a um desconforto ou dor no corpo, ele muda, e isso pode mudar a emoção correspondente.
- As sensações podem se tornar indicativos claros de quando oferecemos resistência ou afastamos as pessoas – por exemplo, a tensão ou a rigidez nos músculos, ou o desconforto na barriga.
- Às vezes, sentir raiva por uma pessoa difícil pode se tornar uma janela ou abertura para uma raiva reprimida mais profunda e para outras emoções com raízes no nosso passado. Permitir essas emoções, senti-las e expressá-las pode nos ajudar a entrar em contato com essas camadas mais profundas de sentimento e, assim, desatar gradativamente seu poder ou influência sobre nós.

Nari Kiru

Essa frase japonesa significa "tornar-se uno com". Quando você sentir ou perceber algo, evite tentar olhar para si mesmo como uma câmera de vigilância, monitorar ou julgar como você aparece. Tente incorporar isso totalmente – sentir ou fazer 100%.

Deixar nossos sentimentos informar nossas ações

Quando nós aceitamos de verdade, com honestidade e franqueza, como nos sentimos, então podemos deixar toda a gama desses sentimentos informar nossas ações. Pode ser que, embaixo da raiva veemente, encontremos uma semente da compaixão silenciosa, outrora desconhecida. Notá-la pode ter uma influência dramática sobre como respondemos a uma pessoa difícil.

Desapego

O desapego é uma parte importante da prática da atenção plena e do Zen. Além do que já mencionei, nós podemos:

- Desapegar de culpar. Isso significa assumir a responsabilidade por nossos próprios sentimentos e, como afirma Jung: "retirar a projeção da nossa própria sombra sobre os outros".
- Desapegar de querer ou desejar que alguém seja de certa forma. Quando você quer que alguém seja diferente, isso é viver em um mundo de fantasia. Abdicar do seu desejo pode significar que você acabe tendo de lamentar a perda da pessoa que queria que ela fosse.

Encontrar a calmaria que está sempre lá

Mesmo quando a superfície do oceano está agitada e tempestuosa, você não precisa mergulhar muito fundo antes de as coisas ficarem bem mais calmas. Pode ser assim na vida também. Mesmo quando a vida parece turbulenta, confusa ou incerta, tente encontrar essa sensação de calma, estabilidade e silêncio que sempre está lá por baixo. Praticar a meditação com regularidade pode ajudar com isso.

Perseverar na relação

É fácil tirar conclusões precipitadas sobre uma pessoa depois de um lampejo de sentimentos e julgamentos iniciais. Mas, com o tempo, aparecem novos aspectos e perspectivas que podem alterar sua opinião e suavizar as dificuldades. No entanto, perseverar na relação nem sempre é apropriado, então é importante ter discernimento aqui.

Compaixão e gentileza

Ser compadecido significa ter a disposição de ver e aceitar o sofrimento no mundo – nos outros e em si mesmo. Desenvolver uma intenção de ser gentil, franco e amigável pode reformular dramaticamente a natureza de uma relação problemática.

Ver a natureza búdica de uma pessoa

É sobre ver além das camadas superficiais do sofrimento e dos vários mecanismos de proteção psicológica que podem estar em jogo na nossa pessoa problemática para encontrar aquilo que é comum a todos os seres – percebê-la como não separada de você. Alguns chamam isso de ver sua luz interior ou verdadeira natureza.

Perceber quando você precisa da ajuda dos outros

Nenhum de nós tem todas as habilidades e a força para lidar com cada situação difícil que a vida nos lança. Nós devemos buscar ajuda dos outros quando necessário – seja de um amigo, seja de um profissional (como um psicoterapeuta).

Não colocar as pessoas em um pedestal

Idolatrar as pessoas, ou querer que elas sejam mais do que realmente são, pode causar dificuldade nos dois lados do relacionamento. Nós inevitavelmente nos decepcionaremos e acabaremos sofrendo.

Como vimos, todas essas abordagens podem ser usadas em todo o espectro do incômodo, do menos estressante ao trágico. Por favor, não tente se lembrar delas para que possa aplicá-las como uma receita. Isso seria tentar analisar as coisas intelectualmente – o que, como sabemos, nem sempre ajuda! Leia-as e deixe-as permear sua mente consciente e todo seu ser. Dessa forma, estamos informando nosso inconsciente para que, quando a hora chegar, possamos apenas adotar uma abordagem diferente, mais sábia e compadecida com uma pessoa problemática do que aquela que adotamos antes. Como meu professor do Zen me diz: "Compreenda, então jogue sobre seus ombros e siga em frente".

Agradecimentos

Primeiro, eu gostaria de fazer uma profunda reverência de gratidão a todos os indivíduos que algum dia me incomodaram, irritaram ou pisaram nos meus calos. Vocês foram meus professores.

Gostaria também de dizer um enorme obrigado ao meu professor de Zen, Daizan Skinner Roshi, que administra a *sangha* Zenways, em Londres, Reino Unido, da qual sou membro há mais de dez anos. Gostaria de agradecer à minha esposa, Johanna Barclay, por ser tão solidária e paciente, e por suas conversas estimulantes sobre os tópicos deste livro. Obrigado também à minha amiga, a autora Livi Michael, por seus comentários nas primeiras versões deste livro.

Gostaria de manifestar meu apreço e gratidão à equipe fantástica na Watkins que fez deste livro uma realidade. Agradeço especialmente à minha editora-chefe, Fiona Robertson, por acreditar nele desde o princípio.

Por fim, queria agradecer a todos os vários membros da *sangha* Zenways que contribuíram com entrevistas, exemplos e inspiração para este livro, incluindo Hogetsu Bärndal, Sophie Barraclough, Pete Jion Cherry, Jason Christopher, Penny Seizan Clay, Sean Rinryu Collins, Maxine Craig, Lizzie Daiki Davison, Ed Evans, Sarah Daisho Holt, Matt Shinkai Kane, Mia Livingstone, April Gensei Mannino, Mary Hartley Daikan Platt, Pablo Mokusei Lopez Pleguezuelo, Alla Omelchenko, Chris Owen e Noriko Yamasaki. Este livro é uma prova da profundidade da sua prática.